GOLDMANN RATGEBER

Buch

Um unübersehbaren Verwicklungen des angenommenen Königsgambits – ein Band dieses Titels erschien ebenfalls vom selben Autor – aus dem Weg zu gehen, ziehen es manche Schachspieler vor, das Gambit abzulehnen. Denn die Zahl der verwickelten Varianten ist im abgelehnten Königsgambit beträchtlich geringer.
Der Lehrstoff des Bandes enthält verschiedenartige Entwicklungssysteme – Varianten des angenommenen Königsgambits, den klassischen Weg, das Königsgambit abzulehnen, und das abgelehnte Königsgambit. Die abschließende Analyse von zehn Partien erläutert die einzelnen Möglichkeiten.

Autoren

Jakow B. Estrin: Berühmter Schachtheoretiker, Fernschach-Weltmeister, Internationaler Großmeister der ICCF und Internationaler Meister der FIDE. Seine Forschungen sind allen Schachfreunden bekannt. Er ist Verfasser mehrerer Veröffentlichungen.
Igor Glaskow: Meisterkandidat, genießt in der Schachwelt den Ruf eines kühnen Bahnbrechers. Er hat dem Königsgambit schon etliche sehr interessante Untersuchungen gewidmet.

Von Jakow B. Estrin liegt in der Reihe Goldmann-Ratgeber bereits der Band »Das angenommene Königsgambit« (10938) vor.

Jakow Estrin

Das abgelehnte Königsgambit

Modernes Eröffnungswissen

GOLDMANN VERLAG

Made in Germany · 1/85 · 1. Auflage · 118
Genehmigte Taschenbuchausgabe

Umschlaggestaltung: Design Team München
Umschlagfoto: Werbefoto Oeder, Heimstetten
Druck: Presse-Druck, Augsburg
Verlagsnummer: 10952
G. M. · Herstellung: Gisela Ernst
ISBN 3-442-10952-3

Inhalt

Abgelehntes Königsgambit

1. e2–e4 e7–e5
2. f2–f4

1
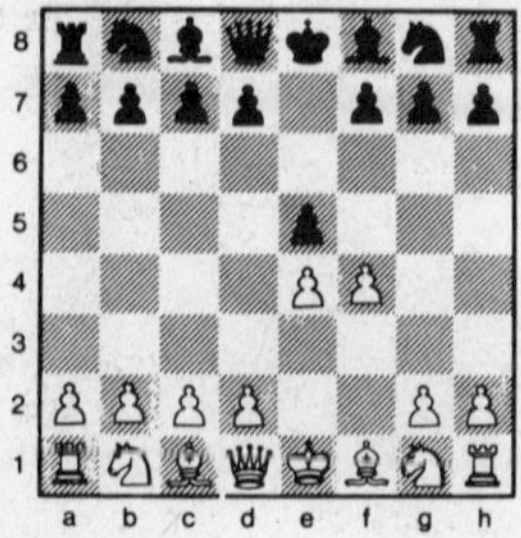

Werden im Band »Das angenommene Königsgambit« die Folgen des Zuges 2. ..ef untersucht, so ist dieser Band verschiedenen Abspielen gewidmet, in denen Schwarz auf die Annahme des Bauernopfers verzichtet.
Aus dem Lehrstoff des 1. Bandes darf der Schluß gezogen werden, daß Weiß im angenommenen Königsgambit ausreichenden positionellen Druck erlangt, wobei der Kampf in den meisten Varianten scharfen, kompromißlosen Charakter trägt.
Um unübersehbaren Verwicklungen des angenommenen Königsgambits aus dem Wege zu gehen, ziehen es manche Schachspieler vor, das Gambit abzulehnen, da sie meinen, daß die Zahl der verwickelten Varianten im abgelehnten Königsgambit beträchtlich geringer ist.
An und für sich ist diese Meinung richtig, aber der Verzicht auf das dargebotene Bauernopfer ist positionell nicht begründet und räumt dem Anziehenden in der Regel gutes Spiel ein.
Der Lehrstoff dieses Bandes enthält seinem Inhalt nach verschiedenartige Entwicklungssysteme:
Im 1. Teil werden die Folgen des Zuges 2. .. Sc6 behandelt, was eine Abart des angenommenen Königsgambits ergibt, mit Einschluß der Züge Sc3 und Sc6 (Gambits von Steinitz, Pierce und Hamppe-Allgaier). Das letzte Kapitel des 1. Teiles ist Varianten gewidmet, die nach 2. .. Sf6 entstehen.
Der klassische Weg, das Königsgambit abzulehnen, besteht im Zuge 2. .. Lc5 und wird im 2. Teil untersucht.
Der letzte, 3. Teil ist dem Königsgegengambit gewidmet, das auf 2. .. d5 beruht. Das Königsgegengambit kann abgelehnt (3. Sf3) oder angenommen (3. ed) werden, wonach die Gegengambits von Falkbeer und Nimzowitsch entstehen. Am Ende des Buches werden 10 Partien zur Beleuchtung der Eröffnungslehre besprochen.

ERSTER TEIL

(1. e4 e5 2. f4)

2. . . . Sb8–c6

2

Diesem Abspiel ist ein ganzer Teil unseres Buches gewidmet, während in anderen Abhandlungen über das Königsgambit der Zug 2. . . Sc6 kaum erwähnt wird.

Die Sache ist die, daß nach 2. . . Sc6 mit Zugumstellung Varianten aus verschiedenartigen seltenen Gambitsystemen entstehen können, – dem Springergambit, dem abgelehnten Königsgambit oder der Wiener Partie. In der Mehrzahl dieser Varianten gibt die Theorie auch heutzutage Schwarz den Vorzug, was, wie wir sehen werden, nicht richtig ist.

In der Diagrammstellung kommen folgende Abspiele in Betracht: **3. Lc4, 3. Sf3** und **3. Sc3.**

ERSTES KAPITEL

3. Lf1–c4

3

3. . . . e5xf4

Die Erwiderung **3. . . Lc5** ergibt nach 4. Sf3 d6 eine Stellung, die im 2. Teil besprochen wird.

Der Textzug führt mit Zugumstellung zu einer Variante des Läufergambits.

4. d2–d4

In unserem Band »Das angenommene Königsgambit« wiesen wir darauf hin, daß für Weiß 4. Sf3 g5 5. 0–0 Lg7 richtig ist, wonach mit Zugumstellung die Gambits von Hanstein oder Greco-Philidor entstehen. Der Textzug war in früheren Zeiten ziemlich verbreitet, aber er gestattet dem Nachziehenden gefährliche Initiative. Auch nach 4. Sc3 Dh4+ 5. Kf1 Lc5 steht Schwarz überlegen.

4. . . . Sg8–f6

5. e4–e5

In der Partie Spielmann-Réti, Baden-Baden 1914, geschah 5. Sc3 Lb4 6. Dd3 d5 7. ed Sa5: 8. Sf3 0–0 9. 0–0

Lc3: 10. bc Te8 11. Ld5: Dd5:, und Schwarz hatte gutes Spiel.

5. ... d7–d5!

4

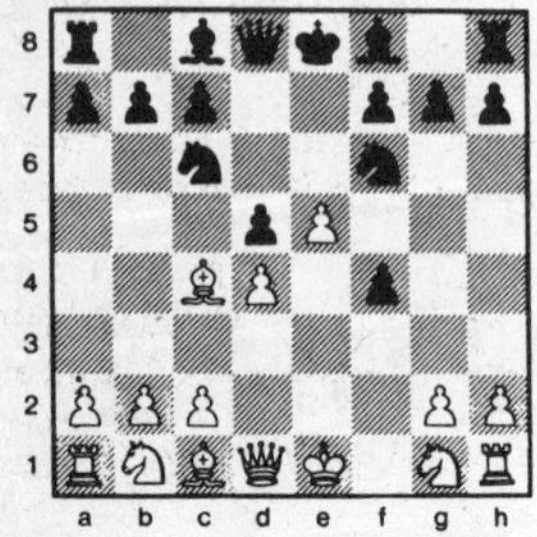

6. Lc4–e2

Auch wenn sich der Läufer auf andere Felder zurückzieht, wird Weiß seine Schwierigkeiten nicht los, z.B.:
a.) **6. Lb3** Se4 (in der Partie Charousek-Tschigorin, Budapest 1896, wählte Schwarz schwächer 6. ..Lg4 7. Dd3 Sh5 8. Sh3 Sb4?, und mit 9. Dc3 kam Weiß in Vorteil) 7. Lf4: Dh4+ 8. g3 Sg3: 9. Lg3: (oder 9. Sf3 Df4: 10. hg Dg3:+ 11. Kd2 Lg4 12. Ld5: Sd4: 13. Tf1 0–0–0 mit durchschlagendem schwarzem Angriff) 9. ..De4+ 10. Kf2 Dh1: 11. Sc3 Se7 (oder 11. ..Le6 12. Dd3 h5 13. Te1 h4 14. Lf4 h3 15. Sh3: De1:+ 16. Ke1: Th3:) 12. De2 h5 13. Te1 h4 14. Lf4 Sg6 mit schwarzem Vorteil (Analyse von Kmoch);
b.) **6. Lb5** Se4 7. Lf4: Dh4+ 8. g3 Sg3: 9. Lg3: De4+ 10. Kf2 Dh1: 11. Sd2 h5 12. Lf1 h4 13. Lf4 h3 14. Sdf3 Le7 15. Dd2 Th5, und die starke Drohung 16. ..g5 bringt Schwarz in Vorteil, Bernstein-Sergejew, Moskau 1928.

6. ... Sf6–e4
7. Lc1xf4 f7–f6!

Diese Erwiderung ist für Weiß sehr unangenehm, da Schwarz nach dem Öffnen der f-Linie zu starkem Angriff kommen kann.
Es ist also offensichtlich, daß der Ausfall 7. ..Dh4+ Schwarz hier nichts einbringt.

8. Sg1–f3 f6xe5
9. Sf3xe5 Sc6xe5
10. Lf4xe5

Auf 10. de geschieht 10. ..Lc5.

10. ... Lf8–b4+
11. c2–c3 0–0!
12. Le2–f3

Es verliert 12. cb wegen 12. ..Dg5! 13. g3 De3 mit entscheidendem schwarzem Angriff.

12. ... Dd8–g5!

5

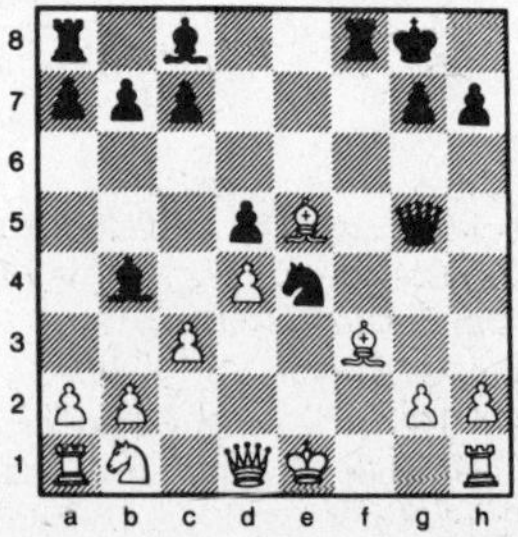

Die Diagrammstellung ist zweifellos günstig für Schwarz. So geschieht z.B. auf **13. cb** die Fortsetzung 13. ..De3+ 14. De2 Dc1+ 15. Dd1: Db2:, falls aber 13. 0–0, so 13. ..De3+ 14. Kh1 Sf2+ 15. Tf2: Df2: 16. cb Tf3: 17. gf Lh3; in beiden Fällen gewinnt Schwarz mühelos. In der Partie Flamberg-Duras, Abbaia 1912, wählte Weiß **13. Sd2.** Weiter geschah 13. ..Tf3:! 14. gf (bzw. 14. Sf3: Dg2 15. Tf1 Lh3) 14. ..Dh4+ 15. Le2 Df2+ 16. Kd3, und Schwarz konnte mit 16. ..Sc5+! 17. dc Lf5+ 18. Sc4 de+ 19. fe Td8+ 20. Ld4 Lc5: 21. ef Ld4: den Kampf entscheiden.

ZWEITES KAPITEL

(1. e4 e5 2. f4 Sc6)

3. Sg1–f3

6

3. . . .   e5xf4!

Diesen Zug zieht die Theorie überhaupt nicht in Betracht. Erörtert werden lediglich die Erwiderungen **3. ..Lc5** und **3. ..d6,** die beide für Schwarz nicht zweckmäßig sind. Nach 3. ..Lc5 entsteht mit Zugumstellung die für Weiß günstige Variante der Verteidigung 2. ..Lc5 (siehe 2. Teil des vorliegenden Bandes), und auf 3. ..d6 erlangt Weiß mit 4. Lb5! Sf6 5. Sc3 Ld7 6. d3 ef 7. Lf4: (Variante von A. Rabinowitsch) 7. ..Le7 8. 0–0 0–0 9. d4 Le8 10. Dd2 Sd7 11. Tae1 positionellen Vorteil (»Enzyklopädie«).

In der letzteren Variante können bei 4. ..Lg4 (statt 4. ..Sf6) interessante Komplikationen entstehen. Die Partie Laskers gegen einen unbekannt gebliebenen Rivalen, 1903, verlief so: 5. 0–0 a6 6. La4 (objektiv ist 6. Lc6:+ bc 7. d3 mit geringem weißem Vorteil am besten) 6. ..b5 7. Lb3 Sd4 8. Ld5 c6. Hier opferte Lasker die Dame: 9. Sd4:!? Ld1: 10. Lc6:+ Ke7 11. Sc3! ed (wir meinen, daß Schwarz nach 11. ..f6! den weißen Angriff abschlagen würde) 12. Sd5+ Ke6 13. f5+ Ke5 14. d3 g5 15. g3 Lh6 16. c3 g4?? (mit 16. ..Le2! würde Schwarz ausgleichen), und Weiß setzte den Gegner in 2 Zügen matt.

Der Textzug führt zum angenommenen Königsgambit mit Einschluß des selten vorkommenden Zuges Sc6.

4. d2–d4

Varianten, die nach 4. Sc3 entstehen, werden im 4. und 5. Kapitel besprochen.

4. . . .   d7–d5!

Unakzeptabel ist 4. ..g5?, worauf Weiß entweder 5. h4 oder einfach 5. d5 erwidert.

5. e4xd5   Dd8xd5

6. Lc1xf4

Auf 6. Sc3 ist 6. ..Lb4 7. Lf4: Da5 und weiter Lg4 mit gutem schwarzem Spiel möglich.

6. . . .   Lc8–g4

7

In der Diagrammstellung sind bei Schwarz alle Schwierigkeiten vorbei. Wählt Weiß z.B. **7. Sc3,** so antwortet Schwarz 7. ..De6+ mit weiterer langer Rochade, und auf **7. Lc7:** geschieht 7. ..Lf3:! 8. Df3: Df3: 9. gf Sd4: mit besseren schwarzen Aussichten.

DRITTES KAPITEL

Steinitz-Gambit

(1. e4 e5 2. f4 Sc6)

3. Sb1–c3

Diese Stellung ereignet sich nicht selten auch in der Wiener Partie nach den Zügen 1. e4 e5 2. Sc3 Sc6 3. f4. Wahrscheinlich fehlt dem Nachziehenden eine bequeme Möglichkeit, das Bauernopfer abzulehnen, da 3. ..Lc5 nach 4. Sf3 d6 5. Lb5! jene Variante der Verteidigung 2. ..Lc5 ergibt, die für Weiß günstig ist (siehe zweiten Teil).

3. ... e5xf4

8

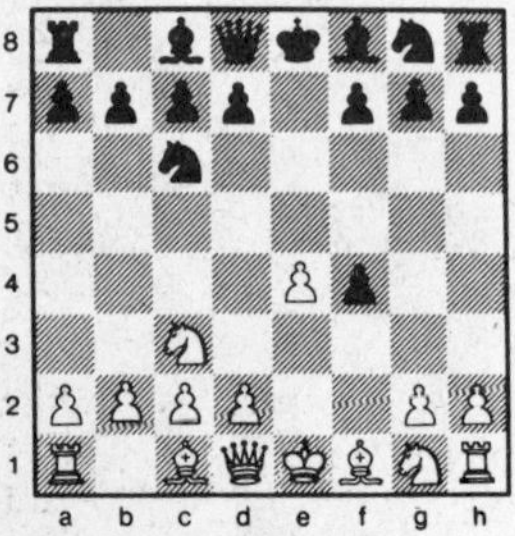

Auf dem Brett ist die Stellung des angenommenen Königsgambites mit Einschluß der Züge Sc3 und Sc6 entstanden. Theoretiker des vorigen Jahrhunderts waren der Meinung, daß dieser Umstand Schwarz zugute komme. Tschigorin hingegen äußerte sich in dem Sinne, daß der bereits auf c3 postierte Springer in manchen Varianten den weißen Angriff unterstützt oder gar verstärkt. Tschigorin hatte zweifellos recht. In weiter entstehenden scharfen Gambitvarianten spielt der weiße Springer eine durchaus nicht belanglose Rolle.

4. d2–d4

Diesen Zug hatte Steinitz 1867 beim Turnier in Dundee eingeführt. Die gesamte Schachwelt empfand den Textzug damals als sensationell.

Die Fortsetzung 4. Sf3 wird im vierten und im fünften Kapitel behandelt.

4. ... Dd8–h4+

5. Ke1–e2

9

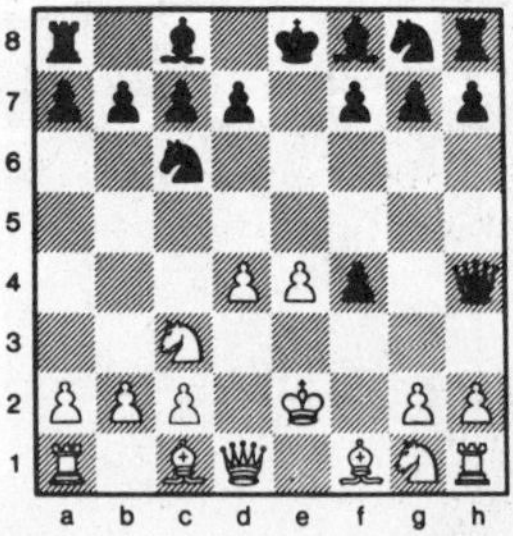

Der weiße König begibt sich tapfer ins Zentrum. Auf den ersten Blick scheint es, als ob Schwarz imstande wäre, seine unstabile Lage auf verschiedene Art auszunützen, aber dieser Eindruck ist trügerisch. Zwar ist der weiße König vorgerückt, doch dieser Umstand wird durch das starke Bauernzentrum sowie die Möglichkeit, mit Sf3 und Sd5 einige Tempi zu gewinnen, wettgemacht.

In der Diagrammstellung hat Schwarz eine große Auswahl von Abspielen. Die hauptsächlichen lauten **A. 5...g5, B. 5. ..d5** und **C. 5...d6.** Doch bevor wir sie untersuchen, ist es angebracht, auch andere zu erörtern.

In der Partie Tschigorin-Steinitz, Weltmeisterschaftszweikampf Havanna 1892, geschah **5. ..Sf6** 6. Sf3 Dg4 7. d5 (Keres empfahl 7. e5, jedoch antwortet Schwarz darauf 7. ..Sh5) 7. ..Se5 8. h3 Dh5 9. Lf4: Sf3: 10. gf d6 11. Kd2 Dh4 12. Le3 mit geringem weißem Vorteil. Nach v. Bardeleben würde Schwarz mit 9. ..d6 (statt 9. ..Sf3:) 10. Kf2 Le7 das Spiel ausgleichen.

Bei **5. ..b6** setzte Steinitz mehrmals und mit Erfolg mit 6. Sb5 La6 7. a4 fort, aber im Treffen Tschigorin-Solowzow, Moskau 1884, wartete Schwarz mit dem Verteidigungsmanöver 7. . . Sf6! 8. Sf3 Dg4 9. e5 Sh5 10. Dd3 Kd8 auf, und nach 11. Kd1 Sb4 12. De4 c6 13. c3 Sd5 14. c4 f5 ist eine verwickelte Stellung mit etwa gleichen Aussichten entstanden.

In der Fernpartie Tschigorin-Sybin 1901 wählte Weiß 6. Dd2! La6+ 7. Kd1 Lf1: 8. Sf3 Dh5, und kam nach 9. Tf1: g5 10. Sd5 0–0–0 11. De2 f6 12. a4 in Vorteil.

A.

5. . . . g7–g5

Dieser Zug ist nie besonders populär gewesen. Immerhin halten wir ihn für beachtlich, insofern es bis heute nicht gelungen ist, einen Weg zum eindeutigen weißen Vorteil zu entdecken.

6. Sc3–d5 Ke8–d8
7. Sg1–f3 Dh4–h5

10

8. h2–h4

Nicht gut ist **8. g3** (falls 8. g4, so 8. . . Dg6! 9. Dd3 Sge7 mit gutem schwarzem Spiel) 8. . . Sce7 9. Se7: Le7: 10. gf, weil Schwarz nach 10. . . g4 11. Se1 Sf6 12. Lg2 d5 besser steht, Dorrer-Tschigorin, St. Petersburg 1893.

Keres empfahl **8. Kf2,** aber darauf ist 8. . . Lg7 9. c3 (bei 9. Le2 führt 9. . . g4! 10. Sf4: Da5 zur schwarzen Überlegenheit) 9. . . Sf6 10. Sf6: Lf6: möglich, wonach Schwarz mit Mehrbauer zuversichtlich in die Zukunft blicken darf.

8. . . . Lf8–g7

Riskant ist 8. . . Lh6, da Weiß, mit 9. hg! Dh1: 10. gh, die Qualität opfernd, zu starkem Angriff kommt, z.B. 10. . . d6 (nach »Bilguer« ergibt 10. . . Sge7 11. Lf4: Sd5: 12. ed klaren weißen Vorteil) 11. Lf4: Lg4 12. Lg5+ Kd7 13. Kf2 Tf8 14. Dd2 Kc8 15. Dc3! f6 16. La6!!, und Schwarz gab auf, Schwarzbach-Wursche, Böhmen 1890.

11

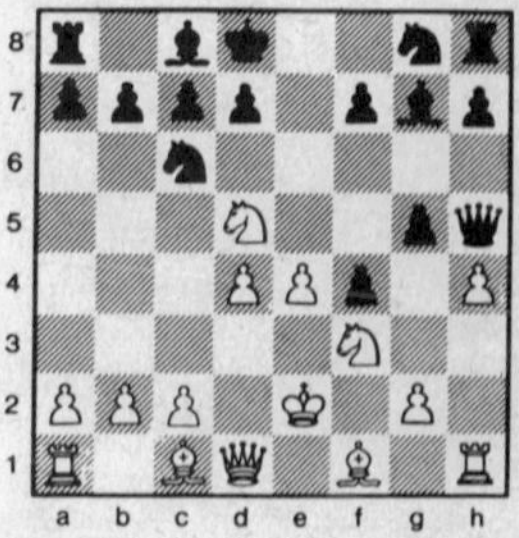

Zieht Weiß jetzt **9. g4,** so entsteht nach 9. . . Dg4: 10. Tg1 Sd4:+ 11. Dd4: Df3:+ 12. Kf3: Ld4: eine annähernd ausgeglichene Stellung (Analyse von S. Soerensen).

Auf 9. c3 kann, wie in der obigen Variante (siehe Diagramm 10), 9. . . Sf6 10. Sf6: Lf6: erfolgen, wonach Schwarz einen Mehrbauern behält.

B.

(1. e4 e5 2. f4 Sc6 3. Sc3 ef 4. d4 Dh4+ 5. Ke2)

5. . . . d7–d5

Dieser energische Gegenstoß, der zu äußerst verwickeltem Spiel führt, ist schon 1871 von Zukertort vorgeschlagen worden.

(Diagramm 12)

6. e4xd5

Auf **6. Sd5:** antwortet Schwarz 6. . . Lg4+ 7. Sf3 f5!, wonach mit Zugum-

12

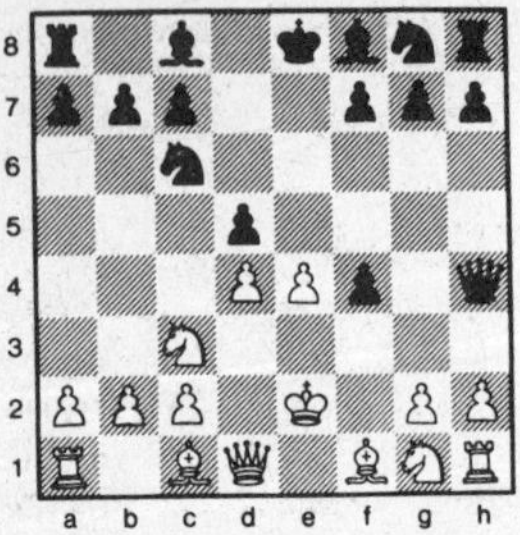

stellung die für ihn vorteilhafte Variante des Mason-Gambits entsteht (siehe 1. Band der vorliegenden Abhandlung).

6. ... **Lc8–g4+**

Die stärkste Erwiderung. Früher war neben dem Textzug auch das von McDonnell vorgeschlagene 6. ..De7+ im Gebrauch, worauf 7. Kf2! sehr stark ist. Nach 7. ..Dh4+ 8. g3! fg+ entsteht diese Stellung:

13

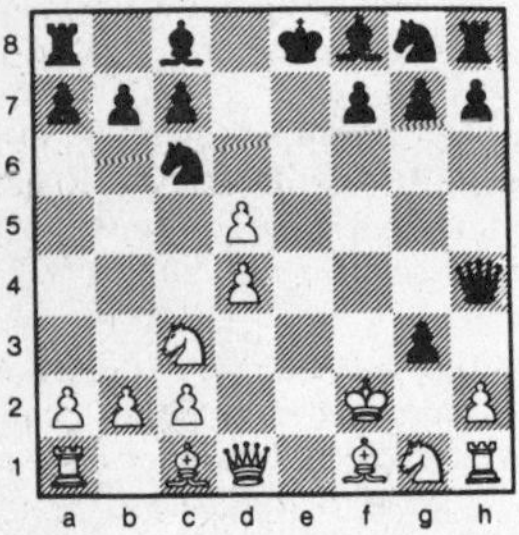

Weiß hat hier 2 grundsätzliche Möglichkeiten zur Verfügung:
a.) **9. Kg2** Ld6 (auf 9. ..Sd4: 10. hg Dg4 ist 11. Lf4! gut) 10. De1+! (nur so, da Schwarz nach 10. dc gh zu gefährlichem Angriff kommt) 10. ..Sce7 (auf 10. ..De7 empfahl Steinitz 11. Lg5 f6 12. dc fg 13. Lb5 b6 14. Sd5 mit weißem Vorteil) 11. fg Dd4:.
Die obige Zugfolge geschah in der Partie Steinitz-Tschigorin, London 1883.
Hätte Weiß mit 12. Sf3! Df6 (klare weiße Überlegenheit ergibt 12. ..Db6 13. Le3 Db2: 14. Ld3 Lb4 15. Ld4) 13. Le3 oder 13. Lg5 fortgesetzt, so würde die aktive weiße Stellung den geopferten Bauern wettmachen.
b.) **9. hg** Dd4:+ (nach 9. ..Dh1: 10. Lg2 Dh2 11. dc ist Weiß für die Qualität mehr als entschädigt) 10. Le3 Dd1: 11. Td1: Se5 12. Lf4 Sg4+ 13. Kg2! Ld6 14. Te1+ Se7 15. Ld6: cd 16. Sb5 Kd7 17. c4, und, obwohl Weiß ein Bauer fehlt, ist seine Stellung vorzuziehen, Tschigorin-Kusnezow und Morosow, Charkow 1884.

7. Sg1–f3 **0–0–0**

Schwarz führt seinen Plan konsequent durch und opfert eine Figur.
Schlechter ist 7. ..Lf3:+ 8. gf De7+ (auf 8. ..Sce7 empfahl v. Bardeleben 9. De1), und nach 9. Kd3! Sb4+ 10. Kc4 c6 11. Lh3! steht Weiß auf Gewinn.

8. d5xc6

Weiß ist gezwungen, das Opfer anzunehmen, sonst kommt Schwarz nach 8. Lf4: Te8+ 9. Le3 Lf3:+ 10. Kf3: Df6+ 11. Ke2 Sd4:+ 12. Kd2 Sf5 in Vorteil.

8. ... **Lf8–c5**

Das Abspiel **8. ..Lf3:+** 9. gf Lc5 führt nach 10. De1 oder 10. cb+ und 11. Sb5 mit Zugumstellung zu Abzweigungen der Hauptvariante, die für Weiß günstig sind.
Möglich ist **8. ..Sf6** 9. De1 Lf3:+! 10. gf Te8+ 11. Se4 Dh5 12. Kf2 mit ausgeglichenem Spiel. In der Partie Tschigorin-Mortimer, Paris 1900, wählte Schwarz statt 9. ..Lf3:+ das schwächere 9. ..Te8+ 10. Kd2 Dh5 11. Df2 Lb4 12. Ld3 Te3, und nach 13. cb+ Kb8 14. Se5! Te2+ (nicht besser ist 14. ..Lc3:+ 15. bc Te2+ wegen 16. De2:! Le2: 17. Tb1! mit Gewinn) 15. De2:! (für die Dame hat Weiß mehr als ausreichende Kompensation) 15. ..Le2: 16. Le2: Se4+ 17. Kd3 Sf2+ 18. Kc4! Dh6 19. Lf3! gewann Weiß.

Doch zurück zur Stellung, die nach **8. ..Lc5** entsteht.

14

Schwarz, der eine Figur geopfert und den Gegner in der Entwicklung überholt hat, möchte den im Zontrum stekkengebliebenen weißen König tüchtig vornehmen, aber die Lebensfähigkeit von Weiß ist erstaunlich.
Weiß verfügt über 2 ihrem Charakter nach verschiedenartige Fortsetzungen, nämlich **1. 9. cb+** mit weiterem 10. Sb5 und **2. 9. De1.**

I.

9. c6xb7+ Kc8–b8

Es ist kaum zweckmäßig, mit 9. ..Kb7: den Bauern zu schlagen, da nach 10. De1 Stellungen entstehen können, in denen die exponierte Lage des schwarzen Königs Weiß gute Aussichten einräumt (siehe 2. 9. De1).

10. Sc3–b5

Wie gesagt, entstehen nach 10. De1 Varianten, die in die Spalte 2. gehören. Schwach ist 10. dc. Am einfachsten ist danach 10. ..Sf6! 11. Dd8:+ Td8: 12. Ld2 Te8+ 13. Kd1 Df2 14. Kc1 Lf3:, und Schwarz steht auf Gewinn (Analyse von v. Bardeleben).

10. ... Sg8–f6

Günstig ist für Weiß sowohl 10. ..a6 11. Kd2 ab 12. Sh4: als auch 10. ..Lf3:+ 11. gf a6 12. c3 ab 13. Kd2! Sf6 14. Kc2.

15

11. c2–c3

Steinitz gab **11. Kd3** Dh5 12. Kc3 den Vorzug, und falls 12. ..a6, so 13. Sc7:. In diesem Fall kommt Weiß nach 13. ..Kc7: 14. Lf4:+ Kb7: 15. Le5 Se4+ 16. Kb3 Dg6 17. a3 in Vorteil. Doch Schwarz ist imstande, mit 13. ..Ld4:+! die Initiative an sich zu reißen und die ungünstige Postierung des weißen Königs auszunützen.
Schwächer als 12. ..a6 ist unverzüglich 12. ..Ld4:+ 13. Sbd4: Dc5+ 14. Kb3 Db6+ wegen 15. Lb5! Lf3: 16. Df3: Tb4: 17. Dc6! Da5 18. c3 mit entscheidendem weißem Vorteil, Steinitz-Zukertort, London 1872.

Von Interesse ist **11. b4.** Harding weist in seinem Buch »Vienna Opening« 1973 darauf hin, daß Weiß nach 11. ..Lf3:+ 12. gf The8+ 13. Kd2 Lb4:+ 14. c3 Db2+ 15. Le2 De3+ 16. Kc2 De2:+ 17. De2: Te2:+ 18. Kd3 Tf2 19. cb Sd5! für die Minusfigur ausreichend entschädigt ist und daß die Aussichten gleich sind.
Neben 18. Kd3 hält Harding auch 18. Kb3 für akzeptabel. Wir teilen diese Meinung nicht. Nach 18. ..Ld6 19. Sd6: Td6: 20. Lf4: Tb6+ 21. Kc4 Sh5! kommt Schwarz in Vorteil (Analyse von Ja. Estrin).
Es soll noch hervorgehoben werden, daß neben 15. ..De3+ in der obigen Va-

riante 15. . . a6! Beachtung verdient.

11. . . . Th8–e8+
12. Ke2–d3 Lg4–f5+
13. Kd3–c4 Lf5–e6+
14. Kc4xc5!?

Ein interessanter Versuch, auf Gewinn zu spielen; entgegen allen Grundsätzen geht der weiße König dreist vorwärts. Nach 14. Kd3 bliebe Schwarz nichts Besseres übrig, als mit 14. . . Lf5+ Remis durch Zugwiederholung zu erzwingen.

14. . . . a7–a5!

Die stärkste Erwiderung. Auf 14. . . Sd7+ geschieht 15. Kb4 De7+ 16. Ka5!, wonach sich die weiße materielle Überlegenheit auswirken sollte. Jetzt aber droht Schwarz Matt in 2 Zügen.

15. Sb5xc7 Dh4–h5+

Aber nicht 15. . . Se4+?, weil Weiß mit 16. Kb5! Dh5+ 17. Ka4 Kc7: 18. Lf4:+ Kb7: 19. Kd3 seinen König in Sicherheit bringt und danach mühelos gewinnt.

16. Sf3–e5! Sf6–d7+

Fehlerhaft ist 16. . . Dd1: 17. Sc6+ Kb7: 18. La6+ Kc7: 19. Lf4:+, und die weiße Überlegenheit ist entscheidend.

17. Kc5–b5 Dh5xd1

16

Diese phantastische Stellung entspricht dem Stil der besten Meister des vorigen Jahrhunderts. Unzulänglich ist hier **18. Lf4:** Da1: 19. Ka6 wegen 19. . . Se5:, und sowohl nach 20. Se8: Td5! als auch nach 20. Le5: Lc4+ 21. Lc4: Te5: ist Schwarz klar im Vorteil (Analyse von K. Alexander).

Bei **18. Sd7:+** ist 18. . . Td7:? fehlerhaft, weil Weiß nach 19. Lf4: Da1: 20. Kb6! gewinnt. Richtig ist 18. . . Kb7:! 19. Sc5+ Ka7 (aber nicht 19. . . Kc8? 20. Kc6!) 20. Se8:! Te8:, wonach eine komplizierte Stellung entsteht, in der die schwarzen Aussichten besser sind, da die aktive Postierung seiner Dame das fehlende Material mehr als wettmacht.

II.

(1. e4 e5 2. f4 Sc6 3. Sc3 ef 4. d4 Dh4+ 5. Ke2 d5 6. ed Lg4+ 7. Sf3 0–0–0 8. dc Lc5)

9. Dd1–e1

Dieser Zug wurde seinerzeit von L'hermet vorgeschlagen. In den 80er Jahren des vorigen Jahrhunderts veröffentlichte Hülsen in der deutschen Schachzeitschrift »Bruderschaft« seine Analyse.

17

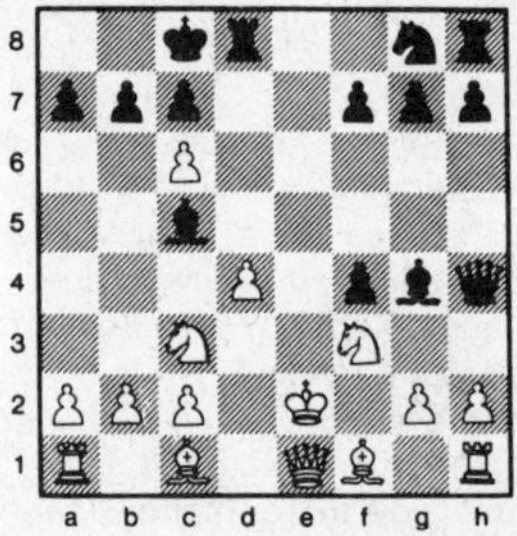

9. . . . Dh4–h5

Die stärkste Erwiderung. Ungenügend ist 9. . . Lf3:+ (auf 9. . . De7+ geschieht 10. Kd2) 10. gf Te8+ 11. Se4 Dh5 12. Kd2 f5 13. Lh3! Sh6 (13. . . Dh3:? 14. Sd6+) 14. Df1 Ld4: 15. c3 Lb6 16. Kc2 mit weißem Vorteil (Analyse von v. Bardeleben).

Früher kam öfter 9. . . Te3+ 10. Kd2 Dd8 vor, aber Larsen entdeckte die Erwiderung 11. Dh4! Sf6 12. Ld3 Ld4: (falls 12. . . Lf3:, so 13. Df4:) 13. Kd1 mit weißer Überlegenheit.
Neben 11. Dh4 ist auch die seit langem bekannte Fortsetzung 11. Df2 stark genug. Laut Steinitz ist Weiß sowohl nach 11. . .Lf3: 12. Df3: Ld4: 13. Ld3 als auch nach 11. . . Sf6 12. Ld3 Lf3: 13. Df3: Dd4: 14. Kd1 g5 15. Ld2 Db4 16. Tb1 im Vorteil.
Harding bringt noch eine Variante mit 11. Df2 im erwähnten Buch: nach 11. . . Te3 12. cb+ Kb7: 13. Ld3 Ld4: 14. Sd4: Dd4: 15. Tf1 Sf6 16. h3! Lh5 17. g4 Lg6 18. Df4: Td3:+ 20. Ke1 Te8+ 21. Kf2 hat Weiß nicht nur den Angriff abgeschlagen, sondern sein großes materielles Übergewicht bewahrt.

10. c6xb7+

Offensichtlich schwächer ist 10. Lf4:? Ld4: 11. cb+ Kb7: 12. Dg3 wegen 12. . . Sh6 13. Ld2 The8+ 14. Kd1 Sf5 mit entscheidendem schwarzem Angriff, Fernpartie Grabbe-Gottesmann 1898.

10. . . . Kc8–b8

18

Das Figurenopfer hat dem Nachziehenden einen starken Angriff eingebracht, aber Weiß ist durchaus fähig, sich zu verteidigen.
In der Fernpartie Steinitz-Stadt Liverpool 1898/99 wählte Weiß fehlerhaft **11. Kd1?,** und nach 11. . . Ld4: 12. Ld2 Lc3: 13. bc Lf3:+ 14. gf Df3:+ 15. Le2 Dc3: 16. Tb1 Sf6 17. Ld3 Dc6 18. Tg1 The8 war der schwarze Angriff nicht abzuschlagen.
V. Bardeleben schlug hier das Damenopfer **11. Lf4:** Te3+ (falls 11. . . Ld4:?, so 12. Dg3 mit weißem Vorteil) 12. Kd2 Te1: 13. Te1: vor. Larsen meint, daß nach 13. . . Lf3: 14. dc Lc6 15. Ld3 (auf 15. b4? folgt 15. . . Dg4, und Weiß verliert einen wichtigen Bauern) 15. . . Dc5: 16. Te2 Sf6 (auf 16. . . Kb7: ist 17. b4! gut) 17. The1 Te8! die Stellung unklar sei. Diese Meinung ist nicht stichhaltig. Die materielle Überlegenheit von Schwarz macht seine Aussichten eindeutig besser.
Am zweckmäßigsten dürfte für Weiß **11. Kd2!** sein, und nach 11. . . Lf3: 12. gf Ld4: 13. Ld3 Df3: 14. Sd1 Sf6 15. Tf1 Le3+ 16. Kc3 Dc6+ 17. Kb3 hat er seine materielle Überlegenheit bei verteidigungsfähiger Stellung bewahrt.

C.

(1. e4 e5 2. f4 Sc6 3. Sc3 ef 4. d4 Dh4+ 5. Ke2)

5. . . . d7–d6

19

Eben diese schlichte Erwiderung galt bis vor kurzem als Widerlegung des Steinitz-Gambits.

6. Sg1–f3 Lc8–g4
7. Lc1xf4

Die Theorie hält dies für obligatorisch.

Immerhin ist auch 7. Kd3 (auf 7. Sd5 ist, nach Keres, 7. . . f5! sehr stark) beachtlich, und falls 7. . . Dh6, so 8. Sd5, was mit Zugumstellung die Position aus der Partie Kavalek-Stein, Tel-Aviv 1964, ergibt. Diese Partie verlief so: 8. . . 0–0–0 9. Lf4: Dh5 10. c4 f5 11. ef Df5:+ 12. Kd2 Sb4 13. Sb4: Df4:+, und Schwarz durfte sich eines geringen Vorteils rühmen.

Neben 8. Sd5 ist 8. Dd2 c5 9. h4 mit verwickeltem Spiel zu erwägen.

7. . . . **f7–f5**

Diesen starken Zug hatte seinerzeit E. Schmidt in seinem Handbuch »Systematische Analyse von Schacheröffnungen«, Leipzig 1895, analysiert. Neben dem Textzug kommen noch folgende schwarze Erwiderungen in Betracht:

Nach 7. . . Lf3:+ 8. Kf3: ist für Schwarz keine Möglichkeit zu sehen, aus der exponierten Lage des weißen Königs Nutzen zu ziehen. So erlangt Weiß z.B. nach 8. . . Sf6 mit 9. g3! Dg4+ 10. Kg2 eine bessere Stellung (Empfehlung von Steinitz). Wählt Schwarz 8. . . Df6, so ist 9. Sd5! gut, und 9. . . Sd4:+ geht wegen 10. Ke3! nicht.

Lange Zeit herrschte die Meinung, daß Weiß bei 7. . . 0–0–0 8. Ke3 Dh5 9. Le2 eine gewisse Überlegenheit erlangt. Dabei berief man sich auf die Partie Steinitz-Paulsen, Baden-Baden 1870, wo weiter 9. . . Da5 10. a3 Lf3: 11. Kf3: Dh5+ 12. Ke3 geschah.

Schwarz kann aber statt 9. . . Da5 stark 9. . . g5! spielen, und falls 10. Sg5:, so kommt Schwarz mit 10. . . Sf6! zur Initiative (siehe Partie Nr. 1, Barlet-Portisch).

Doch zurück zum Zuge 7. . . f5.
(Diagramm 20)

8. h2–h3!

Diese wichtige Verstärkung stammt von Larsen und führt zur Umwertung

20

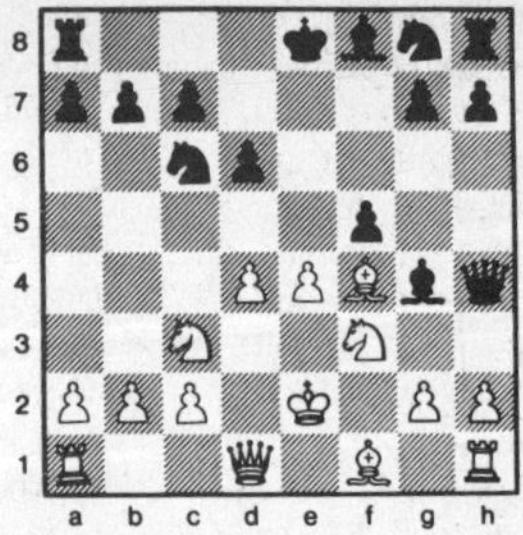

der gesamten Variante. E. Schmidt hat seinerzeit nur folgende Fortsetzungen untersucht:

a.) **8. d5** Se5 9. Le5 de 10. g3 Dh5 11. Lg2 Sf6;

b.) **8. e5** Lf3:+ 9. Kf3: Dg4+ 10. Ke3 de 11. Le5: Se5:;

c.) **8. Ke3** De7 9. Ld3 Sf6 10. Lg5 0–0–0.

In allen Beispielen kommt Schwarz zu besserem Spiel. Dasselbe läßt sich über die Partie Awerbach-Trifunović, Jugoslawien 1963, sagen. Dort geschah **8. Dd2** Sf6 9. ef 0–0–0 10. g3 Dh5 11. Lg2 d5 12. h3 Lf5: 13. g4 Dg6 14. Sh4 De8+ 15. Kf2 Le4, und Schwarz hatte gute Aussichten.

8. . . . **Lg4–h5**

Auf 8. . . 0–0–0 ist 9. hg! Dh1: 10. ef! h5 11. g5 möglich, wonach Weiß für die geopferte Qualität ausreichend entschädigt ist.

21

9. Dd1–d2 f5xe4
10. Sc3xe4

(Diagramm 21)

Nach Larsen herrschen etwa gleiche Aussichten. Daraus läßt sich schließen, daß das Steinitz-Gambit eine für Weiß durchaus akzeptable Eröffnung ist.

VIERTES KAPITEL

Pierce-Gambit

(1. e4 e5 2. f4 Sc6 3. Sc3 ef)

4. Sg1–f3

22

Es handelt sich um eine Abart des angenommenen Königsgambits (das sogenannte Springergambit) mit Einschluß der Züge Sc3 und Sc6, was die schwarze Wahl beträchtlich verringert.

4. ... g7–g5

Zu diesem verpflichtenden Zug dürfte Schwarz gezwungen sein, da bei **4. Sf6** die Fortsetzung 5. Le4! mit Übergang in eine Weiß zugute kommende Variante des Läufergambits geschieht, während Weiß auf **4. ..Se7** oder **4. ..Le7** 5. d4 wählt, mit der Drohung, den Gambitbauern mit Entwicklungsvorsprung zurückzugewinnen.

5. d2–d4

Dieser Zug ist für das Pierce-Gambit kennzeichnend. Die Folgen von 5. h4 (Hamppe-Allgaier-Gambit) werden im 5. Kapitel untersucht.

Schwächer ist 5. Lc4, worauf Schwarz, im Bestreben, mit Zugumstellung in eine günstige Abzweigung des Hanstein-Gambits überzugehen, 5. ..Lg7! antwortet. Die Partie Pillsbury-Schlechter, Wien 1903, verlief danach so: 6. d4 d6 7. Sd5, und Schwarz konnte mit 7. ..g4! 8. c3 gf 9. Df3: Le6 10.

Lf4: Dd7! den Mehrbauern bei fester Stellung bewahren.

5. . . . g5–g4

Zu diesem Zug zwingt den Nachziehenden das Vorhandensein seines Springers auf c6.

Von 5. . .Lg7 ist abzuraten, da Weiß nach 6. d5 Se5 7. d6! bessere Aussichten erlangt. In der Partie Tarrasch-Toma, Wien 1894, folgte darauf 7. . .g4 8. Se5: Dh4+ 9. g3 fg 10. Dg4: g2+ 11. Dh4: ghD 12. Sd5 Le5: 13. Sc7:+, und Weiß setzte den Gegner in 5 Zügen matt. Die Partie Paulsen-Englisch, Frankfurt a.M. 1887, verlief so 7. . .Sf3:+ 8. Df3: cd (nicht besser ist 8. . .c6 9. h4! Le5 10. hg Dg5: 11. Th5 Df6 12. Te5: De5: 13. Lf4: mit weißem Vorteil) 9. h4 h6 10. Lc4 d5 11. Sd5: Sf6 12. hg hg 13. Th8:+ Lf8: 14. Dc3 d6 15. g3, und der weiße Vorteil war offensichtlich.

Nach 5. . .d6 6. d5 Se5 7. Lb5+ Ld7 8. Ld7:+ ist Schwarz, um den Bauern nicht einzubüßen (8. . .Sd7: 9. Dd4!), gezwungen, den Ld7 zu schlagen, mit Nachteil. Die Fernpartie Woods-Campson 1892 verlief so: 8. . .Kd7: 9. g3 h5 (auf 9. . .fg erlangt Weiß mit 10. Se5:+ de 11. Dg4+ Ke8 12. Dg3: f6 13. Lg5:! Überlegenheit) 10. gf Sf3:+ 11. Df3: g4 12. Dd3 (gut ist auch 12. Df2) 12. . .Dh4+ 13. Ke2 a6 14. Le3 Le7 15. e5, und Weiß hatte aktives Spiel.

Nach 5. . .g4 entsteht diese Stellung:

23

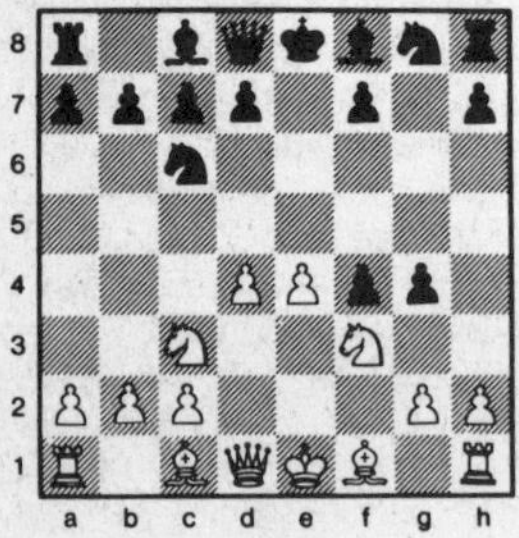

6. Lf1–c4!

Dieses thematische Figurenopfer gilt als stärkste Fortsetzung.

In der Partie Paulsen-Gunsberg, Breslau 1889, zog Weiß 6. Se5 Se5: 7. de Dh4+ 8. Ke2 und kam nach 8. . .b6 9. Dd3 f3+ 10. gf gf+ 11. Kd1 Lb7 12. Df3: 0–0–0 13. Ld3 zu einer aktiven Stellung.

Richtig ist im obigen Beispiel 8. . .f3+ (statt 8. . .b6) 9. gf gf+ 10. Kd3 b6, und nach 11. Sd5! La6+ 12. c4 0–0–0 13. Df3: sind die Aussichten annähernd gleich.

6. . . . g4xf3

7. 0–0!

Das scheinbar naheliegende 7. Df3: ist in Wirklichkeit schwächer. Schwarz antwortet 7. . .Sd4:, und falls 8. Lf7:+ Kf7: 9. Dh5+ Kg7 10. 0–0, so versandet der weiße Angriff nach 10. . .Sf6! 11. Dg5+ Kf7 12. Lf4: Tg8! 13. Dh4 (falls 13. De5, so 13. . .Se6) 13. . .Tg4 14. Df2 Se6 15. Le3 d6 16. Sd5 Le7.

Schlechter als 7. . .Sd4: ist 7. . .Dh4+ 8. g3 Sd4: 9. Df2 Df6 wegen 10. Lf4:! Lb4 11. 0–0 Lc3: 12. bc Se6 13. Dd2 mit gefährlicher weißer Initiative, Fernpartie Kreideweiss-Kahl 1974.

Der Textzug stellt Schwarz vor viel schwierigere Probleme.

24

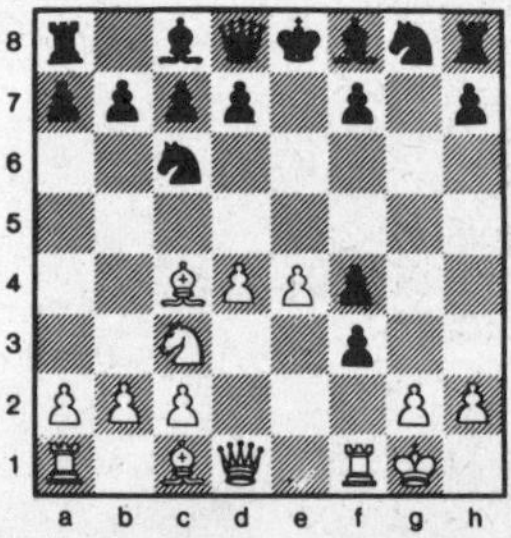

Das Figurenopfer hat Weiß einen starken Angriff eingebracht. Einer eingehenden Untersuchung sind folgende

Verfahren wert, mit denen sich Schwarz verteidigt: **A. 7. . . Lg7** und **B. 7. . . d5!.**
Was für Gefahren auf Schwarz bei anderen Abspielen lauern, ist aus folgenden Beispielen ersichtlich:
a) 7. . . fg 8. Lf7:+ Kf7: 9. Dh5+ Kg7 10. Dg4+ Kf7 11. Tf4:+ Sf6 12. Sd5, und Weiß gewinnt, M. Lange 1856;
7. . . Sa5 ruft dieselbe Erwiderung 8. Lf7:+ herbei, und auf 7. . . Df6 ist 8. Sd5 gut.
b) 7. . . Lh6 8. Df3: Sd4: 9. Lf7:+ Kf8 (schlägt Schwarz den Lf7, so bleibt für ihn nach 9. . . Kf7: 10. Dh5+ Kg7 11. Lf4: Lf4: 12. Tf4: Sf6 13. Dg5 keine Hoffnung) 10. Dd3 c5 11. Lf4: Lf4: 12. Tf4: Dg5 13. Taf1 d6 14. Le6+ Ke7 15. Tf7+ Kd8 16. Tf8+ Kc7 17. Sd5+ Kc6 18. Lc8:, und Weiß gewinnt, White-Güst, Manchester 1885;
c) 7. . . Dg5 (richtig ist für Weiß nach 7. . . Sd4: nicht 8. Dd4:? Dg5!, sondern 8. Lf4:! Df6 9. Sd5 Dg7 10. Sc7:+ Kd8 11. g3! mit einer ausgezeichneten Angriffsstellung) 8. Tf3: Sd4: 9. Lf7:+! Kd8 (schwach ist 9. . . Kf7: 10. Tf4:+ Sf6 wegen 11. Sd5 De5 12. Tf6:+ Kg8 13. Dg4+, und Weiß gewinnt) 10. Tf4:! Lc5 11. Kh1 d6 12. b4 Lb6 13. e5! De5: 14. Te4 Dg7 15. Te8+ Kd7 16. Dh5 Sf6 17. Dh3+ Kc6 18. b5+ Sb5: 19. Df3+, und der weiße Angriff ist entscheidend (Analyse von Pierce).
d) 7. . . d6 8. Df3: Le6 9. Le6: fe 10. Lf4:!, und Weiß verfügt über glänzende Angriffsmöglichkeiten.
Nach v. Bardleben ergeben die Varianten 10. . . De7 11. Dh5+ Kd7 12. d5 Sd7 13. Lg5 Dg7 14. de+ Kc8 15. De8 sowie 10. . . Lg7 11. d5 Sd4 12. Dh5+ Kd7 13. Lg5 Sf6 (falls 13. . . De8, so 14. Df7+) 14. Df7+ De7 15. de+ Se6: 16. De7:+ Ke7: 17. Sd5+ klaren weißen Vorteil. In der Partie Pierce-Cheskire, London 1885, kam Weiß nach 10. . . Df6 11. Sb5! Sd4: (bei 11. . . Kd7 ist 12. Dc3 gut) 12. Sd4: Dd4:+ 13. Le3 Dg7 14. Dh5+ zu durchschlagendem Angriff.

A.

7. . . . Lf8–g7
8. Lc1xf4

25

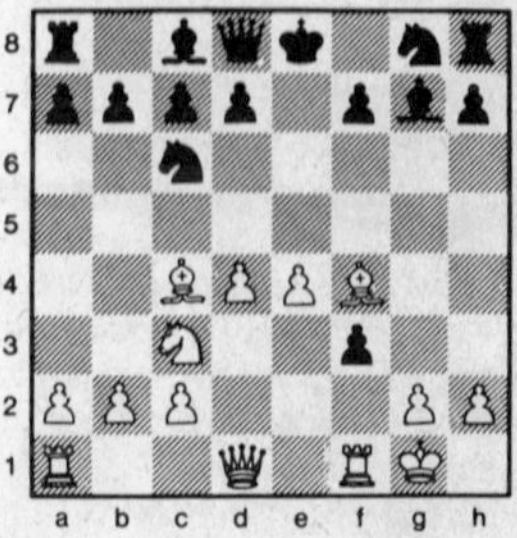

8. . . . Lg7xd4+
Zu betrachten sind außerdem noch folgende Abspiele:
a) 8. . . Df6 9. Le3 Sd4: 10. Sd5 Dg6 11. Tf3:! Sf3:+ 12. Df3: Dc6 13. Lb5 Dd6 14. Tf1;
b) 8. . . d5 9. Sd5: Ld4:+ 10. Kh1 fg+ 11. Kg2: Lb6 12. Dh5 Le6 13. Lg5 Dd6 14. Tad1 Dc5 15. Sb6:;
c) 8. . . Sd4: 9. Le3 (gut ist auch 9. e5 Se6 10. Df3: 11. Sd5 Dc5+ 12. Le3 oder 9. Lf7:+ Kf7: 10. e5 mit ausgezeichneter weißer Angriffsstellung) 9. . . c5 10. Sb5 Sb5: 11. Lb5: Db6 12. Df3: f6 13. Dh5+ Kd8 14. Lc5: De6 15. Tad1.
In allen Beispielen ist Weiß zu äußerst starkem Angriff gekommen, was seinen Vorteil sicherstellt.
d) 8. . . d6 9. Df3:. Diese Fortsetzung hatte Falkbeer untersucht. Laut seiner Analyse steht Weiß sowohl nach 9. . . Sd4: 10. Lf7:+ Kf8 11. Dh5 Sf6 12. Lg5 Lg4 13. Dg4: Sg4: 14. Ld8: Td8: 15. Sd5! als auch nach 9. . . Ld4:+ 10. Kh1 Dd7 11. Lg3 Sd8 12. Tad1 überlegen.

9. Kg1–h1 Ld4xc3
Nicht zweckmäßig ist 9. . . fg+ 10. Kg2:, da das Öffnen von zusätzlichen Linien

lediglich die weiße Initiative fördert, z.B. 10... Sf6 11. Sb5 Tg8+ 12. Kh1 Lb6 13. e5 d5 14. ed Le6 15. De2 Dd7 16. dc oder 10... Lc3: 11. Lf7:+ Kf7: 12. Dh5+ Ke7 13. bc Sf6 14. Lg5 Tf8 15. Tf6: Tf6: 16. Lf6:+ Kf6: 17. Tf1+ mit entscheidendem weißem Angriff (Analyse von Pierce).

10. Lc4xf7+!

Dieses zweite Figurenopfer ist aussichtsreicher als die von v. Bardeleben empfohlene Variante 10. bc Df6! 11. Lc7: Se5 12. Le5: De5: 13. Df3: Sh6 14. Lf7:+ Kd7 15. Dh3 Sf7: 16. Tf7:, da bei Weiß nach 16... Kc7 keine ausreichende Kompensation für die Figur zu sehen ist.

10. ... Ke8xf7

11. Dd1–d5+ Kf7–e8

In der Fernpartie Keres-Wilkins 1933 geschah 11... Kg7? 12. Tf3: Lf6 13. e5 Le7 14. Tg3+ Kf8 15. Tg8:, und Schwarz gab auf.

12. Dd5–h5+ Ke8–e7

26

In dieser kritischen Stellung führt Pierce seine Analyse so weiter: **13. bc** Sf6 14. Lg5 Se5 15. Lf6:+ Kf6: 16. Df5+ Kg7 17. De5:+ Df6 18. Dg3+ Dg6 19. De5+ Df6, und remis durch Dauerschach. Keres empfahl statt 15. Lf6:+ die Fortsetzung 15. Tf3:! Sf3: 16. Df3: mit schwer abzuwehrenden Drohungen. Uns scheint einfach **13. e5!** stärker zu sein, wonach es trotz 3(!) schwarzen Mehrfiguren schwerfällt, dem Nachziehenden einen vernünftigen Ratschlag für seine Verteidigung zu geben.

B.

(1. e4 e5 2. f4 Sc6 3. Sc3 ef 4. Sf3 g5 5. d4 g4 6. Lc4 gf 7. 0–0)

7. ... d7–d5!

Dieser energische Gegenstoß verspricht Schwarz bessere Aussichten auf erfolgreiche Abwehr.

8. e4xd5

Unakzeptabel ist für Weiß 8. Sd5: Lg4, wonach sowohl 9. gf Lh3 10. Lf4: Tc8 als auch 9. Dd3 Lg7 10. c3 Sge7 dem Schwarzen gestatten, bei fester Stellung den Mehrbauern zu bewahren.

27

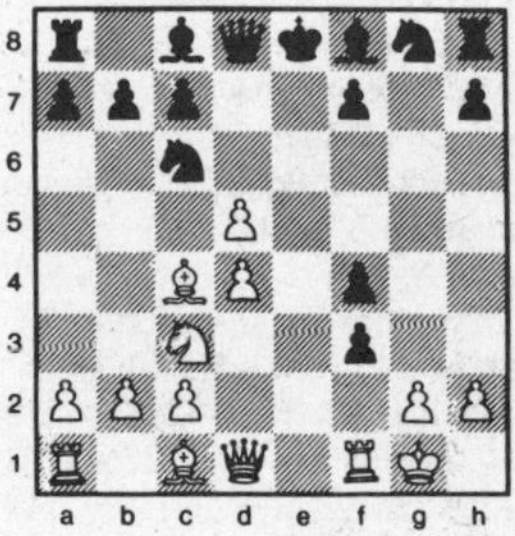

8. ... Lc8–g4

Auf diese Weise verhindert Schwarz das Öffnen der f-Linie und erschwert dadurch die Entfaltung des weißen Angriffs.

Nach der Analyse von E. Schmidt ergibt das Abspiel 8... Sa5 9. Te1+ Le7 10. Lf1 Sf6 11. b4 Sd5: 12. Sd5: Dd5: 13. ba Tg8 14. La3 weißen Vorteil.

Auch **8... Lg7** 9. dc (gut ist ebenfalls 9. Df3:) 9... Ld4:+ 10. Kh1 Lg4 11. gf Lh3 12. Te1+ Kf8 13. cb Tb8 14. Sb5 führt zu klarer weißer Überlegenheit (G. u. L. Collijn, »Lärobok i Schack«).

Auf **8... Lg4** sind 2 weiße Fortsetzungen beachtenswert, nämlich **I. 9. De1+** und **II. 9. Dd2!.**

Andere Fortsetzungen kommen Schwarz zugute, was folgende Beispiele bezeugen:

a.) 9. dc?!. Dieses von N. Rumscher vorgeschlagene Damenopfer ist unzulänglich. Nach 9. ..f2+ 10. Tf2: Ld1: 11. cb Lg4! 12. Lb5+ Ld7 13. Sd5 Tb8! ist das materielle Übergewicht von Schwarz entscheidend;

b.) 9. Te1 Sge7. Die Partie Milner-Barry–O'D. Alexander, Hastings 1933/34, verlief weiter so: 10. gf Lh3 11. Lf4: Tg8+ 12. Lg3 Sa5 13. Lb5+ c6 14. Se4 Lg7 15. Kh1 Dd5: 16. c4 Dd7, und Schwarz, der alle gegnerischen abgeschlagen hat, behielt eine Figur mehr.

Zieht Weiß 10. Se4, drohend 11. Sf6 ╪, so muß Schwarz auf 10. ..f2+ verzichten. Aber nach 10. ..Lg7 11. gf Sa5 12. Lf1 Lh5 13. c4 Tg8 14. Kf2 b5! 15. Sc5 Kf8! ist der weiße Angriff sowieso abgeschlagen.

I.

9. Dd1–e1+

20

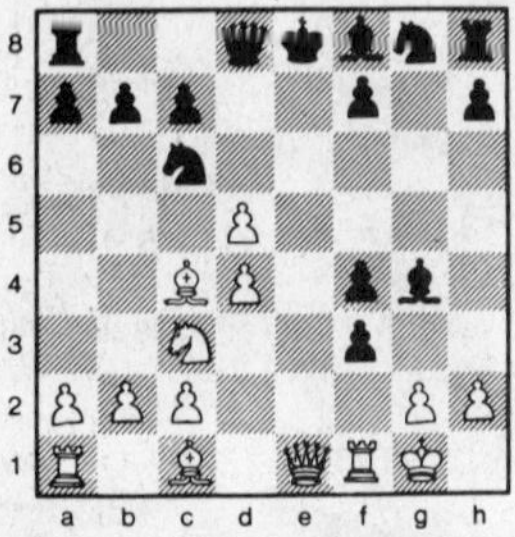

9. . . . **Lf8–e7!**

Der stärkste Zug. Nach **9. ..Sce7** 10. Lb5+ Ld7 11. De5 oder **9. ..Sge7** 10. Lf4: a6 (auf 16. ..Sa5? geschieht 11. Se4!) 11. Le5 Se5: 12. De5: Tg8 13. Se4 ist Weiß im Vorteil (Analyse von v. Bardeleben).

10. Lc1xf4

Nach 10. De4 f5 11. Df4: Ld6 12. Te1+ Kf8! geht dem weißen Angriff der Atem aus.

10. . . .	**Sc6xd4**
11. Lf4–e5	**Sd4–e2+**
12. Sc3xe2	**f3xe2**
13. Lc4xe2!	**Lg4xe2**
14. De1xe2	**f7–f6**

29

Sowohl Larsen in der »Enzyklopädie« als auch Keres in der »Theorie der Schacheröffnungen« bezeichnen die entstandene Stellung als eindeutig vorteilhaft für Schwarz. Diesem Urteil können wir nicht zustimmen. Hier einige mögliche Fortsetzungen:

a.) 15. Dh5+? Kf8! (das ist stärker als 15. ..Kd7, wonach 16. Dg4+ Ke8 17. Dg7 fe 18. Df7+ mit Remis durch Dauerschach geschieht) 16. Tf5. In der Fernpartie Kiel-Eime 1897 wartete Schwarz mit dem scharfsinnigen Verteidigungsplan 16. ..h6! 17. Taf1 Th7 18. c4 Dd7! auf, und nach 19. b4 Tf7 20. c5 Te8 21. Lf4 Th7 waren für ihn alle Gefahren vorbei;

b.) 15. Tf6: Sf6: (natürlich verliert 15. ..Dd5:? 16. Dh5+ Kd8 17. Td1) 16. Lf6: Tf8 17. Dh5+ Tf7 (oder 17. ..Kd7 18. Df5+ Ke8) 18. Te1 Kf8 19. Dh6+ Ke8 20. Dh5, wonach beide Partner zur Zugwiederholung gezwungen sind.

c.) 15. Lf6: Sf6: 16. Tf6: Dd5: (schwächer ist 16. ..Tf8 17. Dh5+ Kd7 18.

Df5+ Ke8 19. Tf8:+ Lf8: 20. Te1+ Le7 21. Dh7: mit besseren weißen Aussichten) 17. Te6 Dc5+ 18. Kh1 Td8 19. Te1 Td7 20. Te5 Dd6 21. Te6, und wieder remis durch Zugwiederholung.
Aus den Beispielen geht hervor, daß in der kritischen Diagrammstellung Nr. 29 die Chancen gleich sind.

II.

(1. e4 e5 2. f4 Sc6 3. Sc3 ef 4. Sf3 g5 5. d4 g4 6. Lc4 gf 7. 0–0 d5 8. ed Lg4)

9. Dd1–d2!

Diese neue Fortsetzung ist 1965 von Glaskow entdeckt worden. Weiß überfällt den Bf4; hat er diesen geschlagen, so wird er den Punkt f7 bedrohen.

30

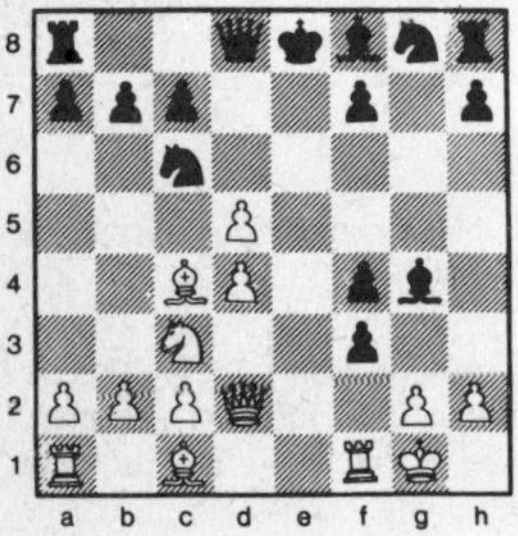

9. . . . Lf8–g7

Zieht sich der Sc6 zurück, so kommt Weiß zu gefährlicher Initiative, z.B.:

a.) **9. . . Sa5** 10. Lb5+ c6 11. Df4: cb (falls 11. . . Sf6, so 12. Se4!), und nach dem natürlichen 12. Dg4:! drohen dem Nachziehenden zahlreiche Gefahren. Bei 10. . . Ld7 (statt 10. . . c6) 11. Df4: Lb5: 12. Sb5: Ld6 13. Df3: Dd7 gewinnt Weiß mit 14. Sd6:+! cd 15. b4 die Figur zurück und bleibt im Vorteil;
b.) **9. . . Sce7** 10. Df4:. Keres und Larsen behaupten, daß Schwarz nach 10. . . Sh6 überlegen stehe. Wir sind anderer Meinung: mit 11. Se4! bringt Weiß den Gegner in eine schwierige Lage.

Auf 10. . . Dd7 11. d6! Sg6 12. De4+ Kd8 13. h3! Le6 setzt Weiß mit 14. Le6: De6: 15. Db7: Tc8 16. dc+ Tc7: 17. Da8+ Tc8 18. Df3: fort, wonach er bei anhaltendem Angriff für die geopferte Figur 3 Bauern besitzt.

10. Dd2xf4

Nach 10. dc Dd4:+ 11. Dd4: Lb4:+ 12. Kh1 bc müßte Weiß jede Hoffnung auf Überlegenheit aufgeben.

10. . . . Lg7xd4+

11. Kg1–h1

Schlechter ist 11. Le3, weil Schwarz nach 11. . . Df6! 12. De4+ De7 13. Tae1 De4: 14. Se4: Le3:+ 15. Te3: Sce7 16. d6 Sf5 17. Sf6++ sein materielles Übergewicht behält.

11. . . . Dd8–h4

Empfohlen von Keres. Zu weißer Überlegenheit führt 11. . . fg+ 12. Kg2: Dh4 13. Df7:+ (13. dc 0–0–0 mündet mit Zugumstellung in die Hauptvariante) 13. . . Kd8 14. Df8+ (weniger zweckmäßig ist 14. dc Sf6) 14. . . Kd7 15. dc+ bc 16. Df4 Lh3+ 17. Kh1 Df4: 18. Tf4: Lc3: 19. bc Se7 20. La3! (Analyse von Ja. Estrin)

12. d5xc6

Selbstverständlich ist 12. gf? fehlerhaft wegen 12. . . Le5!.

12. . . . f3xg2+

13. Kh1xg2 0–0–0

14. c6xb7+

Weiße Überlegenheit ergibt auch 14. Sd5 Lh3+ 15. Kh1 Df4: 16. Tf4: (falls

31

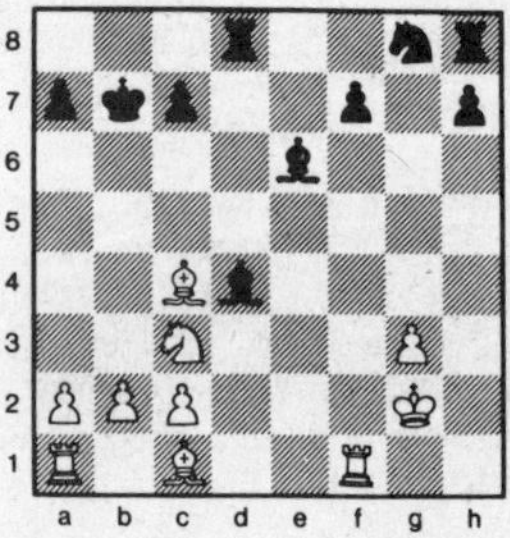

16. cb+ Kb7: 17. Tf4:, so 17. . . Lb6!, und 18. Tf7:? geht wegen 18. . . Le6! nicht) 16. . . bc 17. Td4: cd 18. Td5:!.

14. . . . Kc8xb7

15. Df4–g3 Dh3xg3+

Einen groben Fehler bedeutet 15. . . Dh5? wegen 16. Lf7:!, wonach Weiß gewinnt.

16. h2xg3 Lg4–e6

(Diagramm 31)

Nach **17. Le6:** fe 17. Tf7! bleibt Weiß im Vorteil (Analyse von J. Estrin).

FÜNFTES KAPITEL

Hamppe-Allgaier-Gambit

(1. e4 e5 2. f4 Sc6 3. Sc3 ef 4. Sf3 g5)

5. h2–h4

Diese Abart des Allgaier-Gambits, die die Züge Sc3 und Sc6 einschließt, ist schon in der 2. Hälfte des XIX. Jahrhunderts bekannt gewesen.

5. . . . g5–g4

6. Sf3–g5

32

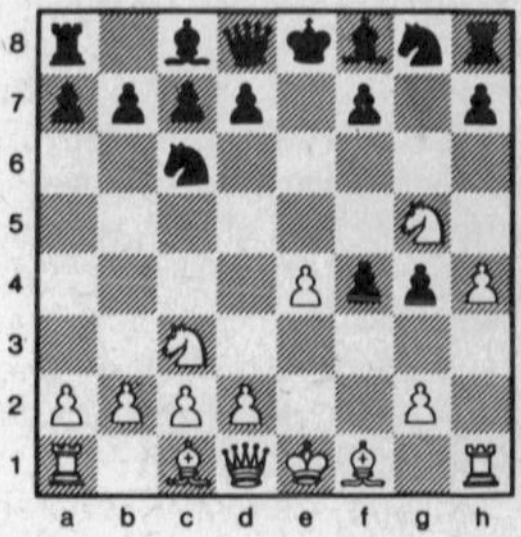

6. . . . h7–h6

Neben dieser stärksten Erwiderung sind auch andere Abspiele bekannt, aber, wie wir zeigen werden, vermag keines von ihnen die weiße Initiative zu hemmen:

a) **6. . . f6?** 7. Dg4: fg 8. Dh5+ Ke7 9. Dg5:+ Sf6 10. Sd5+ Kf7 11. Lc4, und Weiß gewinnt (Tschigorin);

b) **6. . . h5** 7. Lc4 Se5 8. Lb3 f6 9. d4 fg 10. de gh 11. Lf4: d6 12. Dd5 De7 13. Lg5 c6 14. Le7:, und Weiß steht auf Gewinn, Mackenzie-Judd, New York 1885;

c) **6. . . Se5** 7. d4 h6 8. Lf4: Sg6 9. Sf7: Kf7: 10. Lc4+ mit weißem Vorteil, da auf 10. . . d5 die Antwort 11. Sd5: geschieht, während auf 10. . . Kg7 Weiß sowohl mit 11. Lg3 als auch mit 11. 0–0 zum Angriff kommt (Tschigorin);

d) **6. . . d5** 7. ed Sd4! 8. Lc4 h6 9. Sge4 f5 10. Sf2 Ld6 11. Se2 Df6 mit schwar-

zer Initiative, Fernpartie Mirotworski-Hardin 1909.
Dieses Ergebnis hat Weiß mit seinem 7. Zug verschuldet. Statt 7. ed sollte er 7. d4! ziehen, und nach 7. . . h6 könnte er entweder mit 8. Sf7: zur Hauptvariante übergehen oder mit 8. ed!? gutes Spiel erlangen (Hinweis von Keres).
e) **6. . . d6** 7. d4 f6 (7. . . h6 ergibt nach 8. Sf7: mit Zugumstellung eine für Weiß günstige Abzweigung der Hauptvariante). Wählt Weiß danach 8. Sh3 gh 9. Dh5+ Kd7 10. Df5+ (bei 10. Sd5 schlägt Schwarz mit 10. . . Sd4:! 11. Df7+ Le7 den Angriff ab) 10. . . Ke8!, so bleibt ihm nichts Besseres übrig, als Remis durch Zugwiederholung zu erzwingen.
Stärker ist jedoch 8. Lf4!, und nach 8. . . fg 9. hg Lg7 10. Le3 De7 11. Dd2 Ld7 12. Sd5 De4: 13. Sc7:+ Kd8 14. Ld3 De7 15. Sd5!, Schabelski-Lebedew, Charkow 1901, oder 8. . . fg 9. Lg5: Le7 10. Dd2 Lg5: 11. hg Sge7 12. 0-0-0 Sg6 13. Sd5, Makarow-Pomeranzew, St. Petersburg 1901, kommt Weiß zu starkem Angriff.
Aber zurück zur Hauptvariante. Nach **6. . . h6** ist Weiß zum Figurenopfer gezwungen:

33

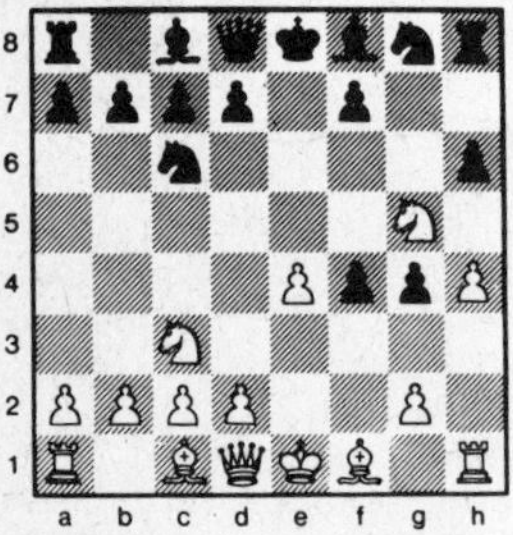

7. Sc5xf7 **Ke8xf7**
8. d2–d4!

Zweifellos die stärkste Fortsetzung. Fehlerhaft ist 8. Dg4:? Sf6 9. Df4: Ld6, und Schwarz kommt zum Angriff.

Beachtlich ist auch ein anderes weißes Angriffsverfahren, nämlich **8. Lc4+** d5! 9. Ld5:+ (falls 9. Sd5: Kg7 10. b4, so 10. . . Kh7), wonach folgende Stellung entsteht:

34

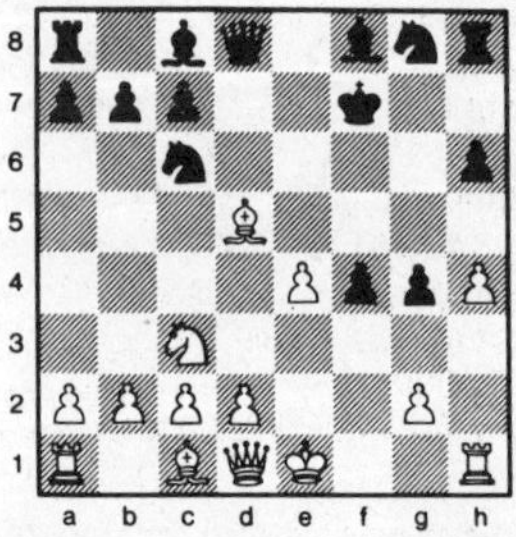

In Betracht kommen 2 grundsätzliche Abspiele:
a) **9. . . Kg7** 10. d4 Sf6 11. Lf4: Lb4 (in der Partie Steinitz-Barry, Montreal 1893, geschah 11. . . Sd5: 12. ed Se7 13. Le5+ Kg8 14. 0-0 Lg7 15. Dd3 Le5: 16. de mit überwältigender weißer Stellung) 12. 0-0 Lc3: 13. bc Sd5: 14. ed Dd5: 15. Dd2 Le6 16. Tae1 Tae8, und nach 17. Te5! Dc4 (oder 17. . . Dd8 18. Th5 Kg6 19. Lg5!) 18. Tc5 Da6 19. Tc6: sowie 20. Le5+ entfaltet Weiß einen vehementen Angriff.
Auch nach 10. . . f3 (statt 10. . . Sf6) 11. gf Le7 (falls 11. . . Sf6 12. Lf4 Se7, so 13. Le5 Sg6 14. f4!, und nach Tarrasch ist Weiß für die geopferte Figur mehr als entschädigt) 12. 0-0 Sf6 13. f4 Sd5: 14. Sd5: Lh4: 15. f5 Tg8 16. Lf4 Ld7 17. Dd2! fällt Schwarz die Verteidigung nicht leicht.
b) **9. . . Ke8!** 10. d4 Lg7 11. Lf4: Sd4: (falls 11. . . Ld4:, so 12. Dd3) 12. Dd2! Se6 13. 0-0-0 c6 14. De1. In der Fernpartie Romaschkewitsch-Tabunschtschikow 1895/96 wählte Schwarz 14. . . Da5, aber nach 15. Ld6! Se7 16. Lb3 stand Weiß überlegen. Richtig war 14. . . Sf4:! 15. Lf7+ Kf7: 16. Td8: Lf6 17. Td1 Le5 18. g3 Sh5 19. Tf1+ Sgf6, und

Schwarz würde eine feste und sichere Stellung erlangen, in der seine 3 leichten Figuren der weißen Dame erfolgreich widerstehen können.

In der Partie Pollock-Gossin, Berlin 1892, geschah 10. ..f3 (statt 10. ..Lg7) 11. gf Le7 (auf 11. ..Sf6 geschieht nach Tschigorin 12. f4 Lb4 13. Lc6:+! bc 14. Dd3, drohend 15. e5) 12. Le3 Lh4:+ 13. Kd2, und für die geopferte Figur hatte Weiß keine Kompensation; möglich war z.B. 13. ..Lg5 14. f4 Lf6 mit guten Aussichten auf erfolgreiche Verteidigung.

Doch zurück zur Hauptfortsetzung 8. d4!

35

Jetzt droht Weiß, den Bf4 zu schlagen, um Lc4+ in einer günstigeren Situation auszuführen.

In der Diagrammstellung sind zwei grundsätzliche schwarze Erwiderungen einer eingehenden Untersuchung wert, nämlich **A. 8. ..d6** und **B. 8. ..d5.** Auf 8. ..f3 ist 9. gf sowie 9. Lf4 oder 9. Le3 mit weiterem 10. Dd2 und langer Rochade beachtlich. In der Partie Winebright-Erskin, Bristol 1885, zog Weiß 9. Lc4+. Nach 9. ..Kg7 (wie gesagt, ist 9. ..d5! besser) 10. Lf4 d6 11. Dd2 fg 12. Dg2: Df6 13. Le3 Df3 14. Dg1 war er in der Entwicklung voraus und besaß gute Angriffschancen.

A.

8. ... d7–d6

Bei diesem Zuge fällt dem Nachziehenden die Verteidigung nicht leicht.

36

9. Lf1–c4+

Weiß hat es mit diesem Schachgebot nicht eilig. Gut ist **9. Lf4:,** und falls 9. ..Lg7, so erlangt Weiß nach 10. Le3 Lf6 11. g3 Sge7 12. Lc4+ Kg7 13. Dd2 Ld7 14. 0–0–0 eine ausgezeichnete Angriffsstellung (Analyse v. Bardeleben). Im Treffen Wade-Zuidema, Amsterdam 1971, spielte Schwarz statt 9. ..Sf6 9. ..Lg7; es folgte 10. Dd2 De7, und nach 11. Lc4+ Kg7 12. 0-0! waren die weißen Drohungen recht gefährlich.

Nach 9. Lc4+ müssen 2 schwarze Erwiderungen untersucht werden: I. **9. ..Ke8** und II. **9. ..Kg6.**

Bezüglich 9. ..Kg7 – siehe Partie Nr. 2 Erdeli-Betulin, Kiew 1886.

I.

9. ... Kf7–e8

(Diagramm 37)

10. Lc1xf4

Jetzt ist es an der Zeit, den Bf4 zu schlagen. Weniger aussichtsreich ist **10. Sd5.** In der Fernpartie Tereschtschenko-Tabunschtschikow 1900 hatte Schwarz nach 10. ..Lg7 11. c3 Sf6 12. Lf4: Sd5: 13. ed Se7 14. De2 Lf5 15. Lb5+ Kf7 16. 0–0 Lf6 17. g3 Kg7 gute Verteidigungschancen.

37

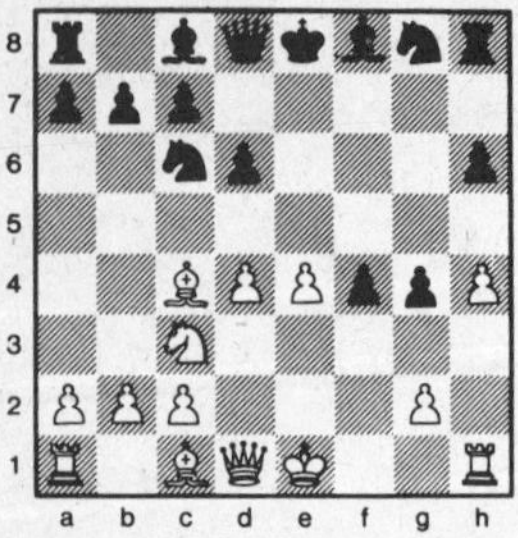

10. ... **Lf8–g7**

In der Fernpartie Romaschewitsch-Betulin 1897 geschah 10. ..Le7 11. 0–0 Lh4: 12. Le3 Sf6 13. Dd2 Sa5 14. Ld3 Sg8 15. e5 mit wuchtigem weißem Angriff.

11. Lf4–e3 Sg8–f6

Die Fortsetzung 11. ..De7 12. Dd2 (oder 12. Dd3) 12. ..Sf6 13. 0–0 bzw. 13. 0–0–0 bedeutet lediglich Zugumstellung.

12. 0–0

Zu sehr starkem weißem Angriff führt auch 12. Dd2 De7 13. 0–0–0 g3 (sehr riskant ist 13. ..Se4: 14. Se4: De4: wegen 15. Tde1) 14. Tde1 Ld7 15. Thf1, Pillsbury-Wahlbrodt, Boston 1893.

12. ... Dd8–e7

13. Dd1–d2

Gut ist auch 13. Dd3. In der Partie Ostrogorski-Bojarkow, Moskau 1903, stand Weiß nach 13. ..Ld7 14. Tae1 Kd8 15. Sd5 Sd5: 16. ed Dh4: 17. dc g3 18. Tf7 auf Gewinn.

13. ... Sc6–d8

Falls 13. ..Se4: 14. Se4: De4:, so 15. Tae1 Se5 16. Tf4!, und Weiß gewinnt.

14. Ta1–e1 Lc8–e6

15. Sc3–d5!

(Diagramm 38)

Diese Stellung ereignete sich in der Fernpartie Tereschtschenko-Tabunschikow 1900. Die Überlegenheit von Weiß unterliegt keinem Zweifel.

38

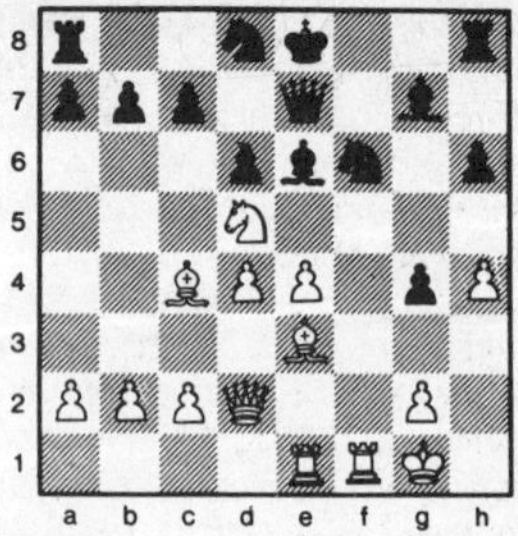

II.

(1. e4 e5 2. f4 Sc6 3. Sc3 cf 4. Sf3 g5 5. h4 g4 6. Sg5 h6 7. Sf7: Kf7: 8. d4 d6 9. Lc4+)

9. ... Kf7–g6

Bei diesem Zuge sind die schwarzen Verteidigungsmöglichkeiten noch geringer als bei 9. ..Ke8 oder 9. ..Kg7.

10. Lc1xf4 Lf8–g7

39

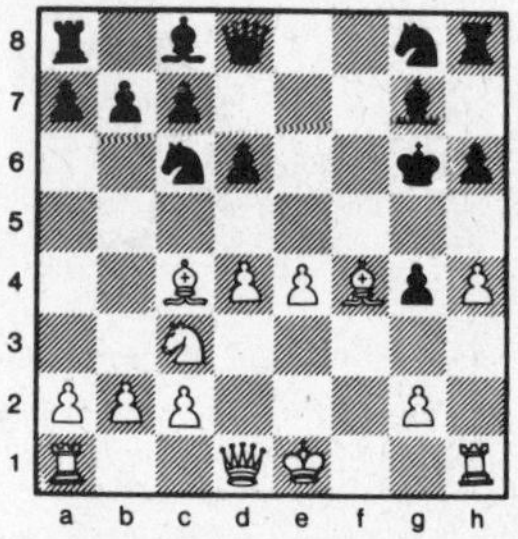

11. e4–e5!

Die Pointe des weißen Planes! Diese Fortsetzung stammt vom russischen Schachamateur A. Markow. Jetzt kommt der Anziehende zu einem vehementen Angriff.

11. ... Sg8–e7

Andere Erwiderungen sind nicht besser. In einer Fernpartie Markows gegen einen Unbekannten aus dem Jahre 1886, wo diese Variante zum ersten Mal geschah, erwiderte Schwarz **11. ..de** 12. Dd3+ Lf5 13. h5+ Kf6 14. de+

Ke5:, und nach Tschigorin würde Weiß mit 15. Le5:+! Ke5: 16. De3+ Kf6 17. 0–0 Dc8 18. Sd5+ ohne weiteres gewinnen.
In der Fernpartie Arnold-Sgroit 1889-90 probierte Schwarz **11... Lf5,** worauf 12. Ld3 Ld3: 13. Dd3:+ Kf7 14. 0–0 (laut Tschigorin ist auch 14. Lg5 sowie 14. Df5+ gut) 14. .. Sge7 15. Sd5! mit raschem weißem Sieg folgte.
Unzulänglich ist auch **11. .. h5.** In der Fernpartie Tereschtschenko-Lignieres 1892 geschah weiter 12. Lg5 See7 13. 0–0 Sh6 14. e6 Tf8 15. Ld3+ Shf5 16. Tf5:+! mit durchschlagendem weißem Angriff.

12. e5–e6! Sc6xd4

Keinen Ausweg bieten andere Abspiele, z.B. 12... Kh7 13. d5 Se5 14. Le5: de 15. Dd3+ Kg8 16. 0–0 und 17. Tf7 oder 12... Tf8 13. Ld3+ Kh5 14. Se2 Sf5 15. Lf5: Tf5: 16. Sg3+, und in beiden Fällen gewinnt Weiß mühelos.

13. Lc4–d3+

40

In der Diagrammstellung ist für Schwarz keine akzeptable Verteidigungsmöglichkeit zu sehen.
Die Fernpartie von Romaschkewitsch gegen einen anonymen Rivalen 1891 verlief weiter so: **13. .. Kh5** 14. Se4 Sdf5 15. Tf1 16. Dg4:+!, und Matt in 2 Zügen.
Wie Tschigorin zeigte, geschieht auf **13... Kf6** die Fortsetzung 14. 0–0! Kf5 15. Dg4: Le6: 16. Dh5! mit gewinnbringendem weißem Angriff.

B.

(1. e4 e5 2. f4 Sc6 3. Sc3 ef 4. Sf3 g5 5. h4 g4 6. Sg5 h6 7. Sf7: Kf7: 8. d4)

8. ... d7–d5

In Eröffnungshandbüchern wird behauptet, daß dieser Gegenstoß im Zentrum Schwarz das bessere Spiel einräumt. Diese Behauptung bezweifeln wir.
Zu erwähnen ist der interessante Zug Tschigorins 8... Sf6, den er in einer Beratungspartie, Moskau 1901, angewandt hat. Nach 9. e5 d5! 10. Lf4: (nach 10. ef Df6: würde Schwarz bei guter Stellung den Bauern behaupten) 10... Sh5 11. Le2 Kg7 12. Dd2 Le7 war Schwarz tatsächlich klar im Vorteil.
Richtig war 9. Lf4:!, was Schwarz zwingen würde, mit 9... d5 zur Hauptvariante überzugehen.

41

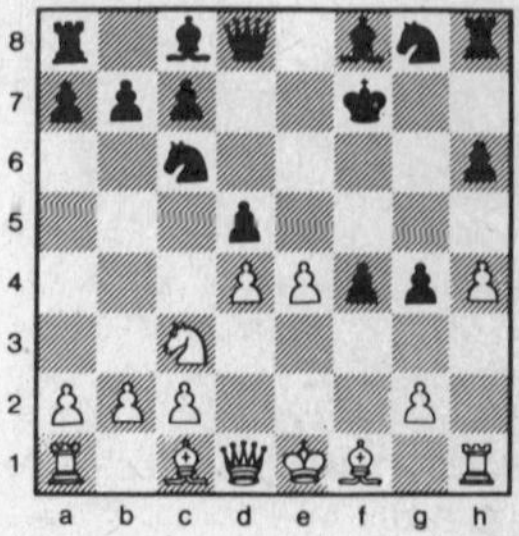

9. Lc1xf4!

Diese Öffnung der f-Linie ist am aussichtsreichsten. Fehlerhaft ist **9. ed.** Die Partie Corzo-Capablanca, Zweikampf Havanna 1901, verlief so: 9. .. De7+ 10. Kf2 g3+ 11. Kg1 Sd4:! 12. Dd4: Dc5 13. Se2 Db6 14. Dh6: ab 15. Sd4 Lc5 16. c3 Ta4, und der schwarze Vorteil ist offensichtlich.
Larsen empfiehlt in der »Enzyklopädie« nicht 10. Kf2, sondern 10. Le2 mit »un-

klarer Stellung«. Für uns ist die Stellung durchaus klar. Der Zug 10. Le2 geschah in einer anderen Partie desselben Zweikampfes Corzo-Capablanca. Nach 10...f3 11. gf gf 12. 0–0 Dh4: 13. Lf3: Sf6 14. Lh5+ wählte Capablanca 14...Ke7? 15. De2+ Kd8 16. Tf6:!, was letzten Endes Remis ergab. Hätte Capablanca 14...Kg7! gezogen, so wäre er klar in Vorteil gekommen.

Auf **9. Sd5:** lautet die richtige schwarze Fortsetzung 9...f3 10. gf Sge7 11. Lc4 Sd5: 12. Ld5:+ Kg7 13. Lf4 Le7, und Weiß hat keine Kompensation für die Figur. Aber zurück zum Textzug.

42

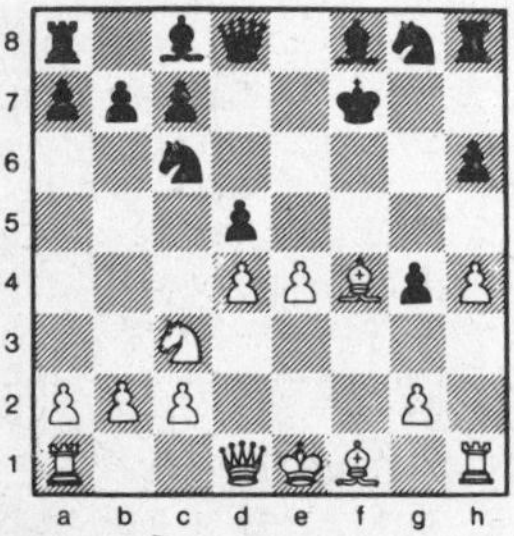

Nun werden die Abspiele **I. 9...Sf6** und **II. 9...Lb4** untersucht, wobei das letztere in der Theorie als stärkstes gilt. Zu erwähnen sind außerdem folgende schwarze Versuche:

In der Fernpartie Tereschtschenko-Langemack 1894/95 zog Schwarz **9. ..Kg7.** Danach geschah 10. Sd5: Ld6 11. e5 De8 12. Dd2! De6 13. Se3! Se5: 14. de Le5: 15. Lc4 Dd6 16. Le5:+ De5: 17. 0–0 Sf6 18. Tf6:! Df6: 19. Sd5! mit raschem weißem Sieg.

Im Treffen Pillsbury-Howell, Philadelphia 1900, wählte Schwarz **9. ..Lg7.** Nach 10. Le3 Lf6 11. g3 de 12. Lc4+ Kg7 13. 0–0 Ld4: 14. Tf7+ Kg6 15. h5+ Kh5: 16. Tg7! waren die weißen Mattdrohungen entscheidend.

Noch größere Gefahren lauern auf Schwarz bei **9. ..de.** Die Partie Bernstein-Fahrni, Hannover 1902, verlief danach so: 10. Lc4+ Kg7 11. d5 Sa5 12. Le5+ Kh7 13. Ld3! Sf6 (bei 13...Lf5 entscheidet 14. Dg4:!) 14. Se4:, und Schwarz war schutzlos.

I.

9. ... Sg8–f6

43

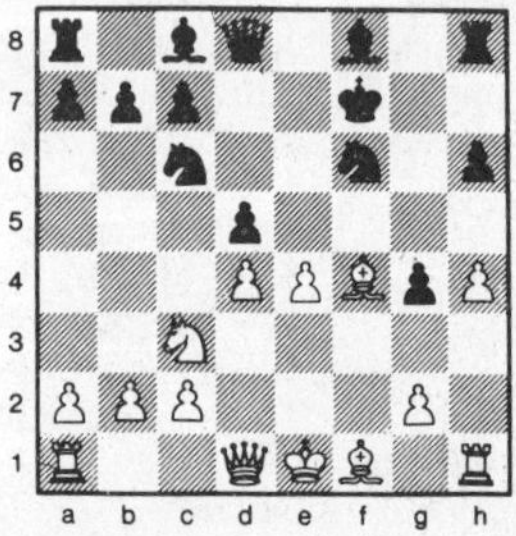

10. Lf1–d3

Weiß kann seinen Angriff auch auf andere Weise entfalten. In der Partie Pillsbury-Winkler, Wien 1902, zog Weiß **10. Sd5:** und kam nach 10...Sd5: 11. Lc4 Le6 12. ed Lf5: 13. 0–0 Ke8 14. Ld3 Dd7 15. c4 Lf7 16. d5 Se7 (beachtenswert ist für Schwarz 16...Lc5+ und 17...Sd4) 17. Le5 Tg8 18. Lh7 Tg7 19. Lg7: Lg7: 20. De2 in Vorteil.

Möglich ist auch **10. Le2,** und falls 10. ..Le6, so 11. 0–0 Kg7 12. ed! Sd5: 13. Sd5: Dd5: 14. c4! mit weißem Vorteil. Erwidert Schwarz 10. ..Kg7, so geschieht 11. 0–0 de 12. d5!, und auf 10. ..Lb4 geht Weiß mit 11. 0–0 Lc3: 12. bc und weiterer Zugumstellung zur Variante über, die im Abschnitt II behandelt wird.

10. ... d5xe4

Auch 10. ..Lb4 bietet Weiß gute Angriffschancen. Die Fernpartie Romaschkewitsch-Urussow 1893 verlief so: 11. 0–0 Le3: 12. bc Kg7 13. ed Dd5: 14. Dd2 Ld7 (falls 14. ..b5, so 15.

Tae1) 15. Tab1! Tae8 16. Tb5 Da2: 17. Lh6:+!, und Weiß gewann.

11. Ld3–c4+ Kf7–e8

12. d4–d5! Sc6–a5

In der Fernpartie Romaschkewitsch-Kolenko 1895 geschah 12. ..Se7?, aber nach 13. Sb5! stand Schwarz kein akzeptabler Zug zur Verfügung.

13. Lc4–e2 Lf8–d6

Dd1–d2 h6–h5

15. 0–0

44

In der Diagrammstellung hat Schwarz ernste Schwierigkeiten. In der Fernpartie Romaschkewitsch-Schabelski 1895 stellte Weiß nach **15. ..De7** 16. Ld6: cd 17. Dd4! das materielle Gleichgewicht wieder her und stand klar überlegen.

II.

(1. e4 e5 2. f4 Sc6 3. Sc3 ef 4. Sf3 g5

45

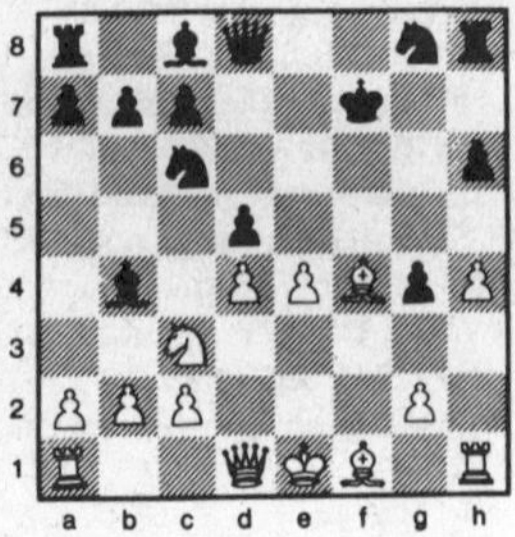

5. h4 g4 6. Sg5 h6 7. Sf7: Kf7: 8. d4 d5 9. Lf4:)

9. ... Lf8–b4

Alle Verfasser, die sich mit der vorliegenden Eröffnung befaßt haben, behaupten, daß Weiß nach diesem Zug außerstande sei, für die geopferte Figur einen Angriff von ausreichender Stärke zu entfalten. Doch wollen wir uns mit Schlußfolgerungen lieber nicht beeilen. *(Diagramm 45)*

In der Diagrammstellung verfügt Weiß über die Fortsetzungen I.) **10. Lb5** und 2.) **10. Le2**

1.)

10. Lf1–b5

Dieser Zug von Dr. Trumberg geriet zu Unrecht in Vergessenheit.

10. ... Lb4xc3+

Zur Hauptvariante führt 10. ..Sf6 nach 11. 0–0 Lc3:!. Erwidert aber Schwarz nicht 11. ..Lc3:+, sondern 11. ..Kg7?, so ist nach 12. Sd5: Sd5: 13. ed Dd5: 14. Lc6: Dc6: 15. Le5+ Kg8 16. Tf6 der weiße Vorteil entscheidend, Fernpartie Przezlavski-Schabelski 1897.

11. b2xc3

46

11. ... Sg8–f6

Andere Erwiderungen sind schwächer. So kommt z.B. Weiß nach **11. ..Sce7** 12. 0–0 Kg6 13. e5 h5 14. Ld3+ zu guten Angriffsmöglichkeiten. Zu weißem Vorteil führt **11. ..Sge7** 12. 0–0 Ke8

13. Le5 Tf8 14. ed Dd5: (bei 14. . . Sd5: ist 15. Dd3 gut) 15. De2. Keres empfahl 12. . . Kg7, aber nach 13. Lc6: Sc6: 14. c4! ist Weiß sowieso klar im Vorteil (Analyse von I. Glaskow).

12. 0–0 Kf7–g7
13. Lb5xc6 b7xc6
14. Lf4–e5 Th8–f8

47

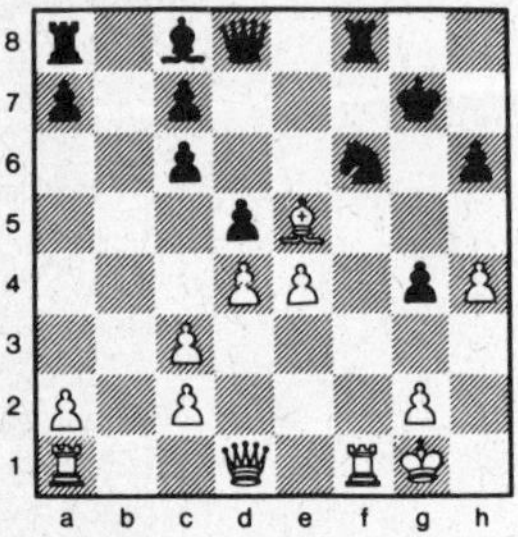

Die Situation hat sich vereinfacht, da aber der Sf6 gefesselt ist, bleiben die weißen Drohungen nach wie vor gefährlich.

15. Tf1–f4!

Ein interessanter, von Glaskow vorgeschlagener Zug, der Schwarz daran hindert, die Fesselung des Sf6 loszuwerden. Tatsächlich geschieht auf 15. . . Kg8 die Antwort 16. ed, drohend 17. Dg6+. Auch nach 15. . . a5 16. ed cd 17. Tae1 La6 18. Df5 Lf1: 19. Dg4:+ Kh8 (zur Zugwiederholung führt 19. . . Kh7 20. Df5+ Kg7 21. Dg4+, während 19. . . Kf7 20. Lf6: Kf6: 21. Tf1:+ Ke7 22. Te1+ Kf7 23. Te6! entscheidenden weißen Vorteil ergibt) 20. Dg6 fällt Schwarz die Verteidigung, trotz seiner großen materiellen Überlegenheit, äußerst schwer.

Falls z.B. **20. . . Ta6,** so entscheidet 21. Te3! De7 22. Dh6:+, während **20. . . De7** verliert wegen 21. Dh6:+ Kg8 22. Te3 Kf7 23. Lf6: Df6: 24. Dh7+ Dg7 25. Tf8+. Wählt Schwarz **20. . . Lg2:!,** so wendet sich das Blatt, und für Weiß ist es nun am besten, mit 21. Dh6:+ Kg8 22. Dg6+ Remis durch Dauerschach zu erzwingen.

15. . . . Kg7–g8

Fehlerhaft ist 15. . . h5? 16. Dd2 (drohend 17. Taf1) 16. . . La6 17. Tf5, und Weiß gewinnt. Auf 15. . . Kg6 geschieht 16. ed cd 17. De2 Se4 18. Tg4:+! Lg4: 19. Dg4:+ Sg5 20. hg Dc8 21. De2 h5 22. Te1 c6 23. Ld6 Tf7 24. Le7, und Weiß hat Initiative, Fernpartie Tereschtschenko-Tabunschtschikow 1892/95.

16. Dd1–d2

Zu erwähnen ist 16. ed cd 17. De2, drohend 18. Taf1. Nach 17. . . Se4 18. Tg4:+ Lg4: 19. Dg4:+ Kf7! (aber nicht 19. . . Sg5 20. hg Dg5:, weil Weiß nach 21. De6+ Kh7 22. Dd7+ bessere Aussichten erlangt) 20. Tf1+ Ke7 21. Dg7+ Ke6 22. Dg4+ bleibt Weiß nur Remis durch Dauerschach übrig.

48

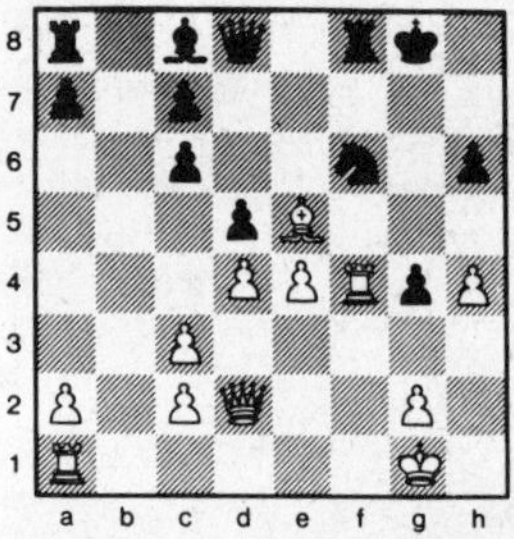

16. . . . Sf6–e4!

Der einzige Zug, der Schwarz Ausgleich ermöglicht. **16. . . Sh5** verliert wegen 17. Tf8:+ Df8: 18. Tf1 De7 19. Dh6: Sg7 20. Tf6! (Hinweis von Tschigorin). Wählt Schwarz 16. . . La6, so geschieht das von Glaskow vorgeschlagene 17. Tf5 Kh7 18. Df4 Sh5 19. Dg4: Sf6 20. Df3! de 21. Df4 Sh5 (oder 21. . . Kg7 22. h5) 22. De4:, und Schwarz ist schutzlos.

17. Tf4xe4

Nichts bringt Weiß 17. Tg4:+ Lg4: 18. Dh6: wegen 18. ..Tf6! ein.

17. ... Dd8xh4!

So verlief die Fernpartie Tereschtschenko-Tabunschtschikow 1892/95. Schwarz gab die Figur zurück und erlangte dadurch etwa gleiche Chancen.

2.)

(1. e4 e5 2. f4 Sc6 3. Sc3 ef 4. Sf3 g5 5. h4 g4 6. Sg5 h6 7. Sf7: Kf7: 8. d4 d5 9. Lf4: Lb4)

10. Lf1–e2

Möglich ist auch 10. Ld3, und falls 10. ..Sf6, so 11. 0–0, was mit Zugumstellung zur Position führt, die wir im Kommentar zum 10. schwarzen Zuge im Abschnitt 1 besprochen haben.

10. ... Lb4xc3+

Damit bricht Larsen die Variante in der »Enzyklopädie« ab und gibt Schwarz den Vorzug. Wir stimmen mit diesem Urteil nicht überein.

11. b2xc3 Sg8–f6

12. 0–0 Kf7–g7

49

Trumberg übersandte noch 1893 an Tschigorin seine eingehende Analyse der entstandenen Stellung. Diese Analyse wurde in der Schachbeilage zur Zeitung »Nowoje Wremja« (= Neue Zeit) veröffentlicht.

13. c3–c4!

Hier liegt der Hund begraben! Schwarz ist gezwungen, einen der Bauern zu schlagen, wonach Weiß gefährliche Initiative entfaltet. In der Fernpartie Subow-Miljutin 1910 geschah 13. e5 Se4 14. Lg4: Dh4: 15. e6 Te8, und Schwarz hat den Angriff abgeschlagen. Auf 13. ed Dd5: 14. Ld3 engt Schwarz mit 14. ..b5! den Gegner ein und verbleibt dabei klar im Vorteil.

13. ... Sf6xe4

Bezüglich 13. ..de – siehe Partie Nr. 3 Glaskow-Solowjow.

14. c4xd5 Se4–c3

Der schwarze Gegenangriffsversuch 14. ..Dh4: 15. dc g3 scheitert an 16. Le5+ Kg6 17. Lh5+!, während auf 14. ..Dd5: Weiß mit Vorteil 15. c4 und 16. d5 spielt.

50

Jetzt geschieht das effektvolle und unerwartete Damenopfer:

15. d5xc6! Sc3xd1

16. Lf4–e5+ Kg7–g6

Nicht besser ist 16. ..Kg8, worauf 17. Lc4+ Kh7 18. Tf7+ Kg6 19. Tg7+ folgt. Erwidert Schwarz 19. ..Kh5, so 20. Lf7+ Kh4: 21. Kh2, falls aber 19. ..Kf5, so entscheidet Weiß mit 20. Td1: Tf8 (oder 20. ..Dh4: 21. Ld5!) 21. Tf1+ Ke4 22. Te1+ Kf5 23. d5 (Analyse von Trumberg).

17. Le2–d3+ Kg6–h5

18. c6xb7 Lc8–d7

Selbstverständlich nicht 18. ..Lb7: 19. Tf5+, und Weiß gewinnt.

19. b7xa8D Dd8xa8

20. Ta1xd1	**Th8–f8**
21. Tf1xf8	**Da8xf8**
22. Td1–f1	**Df8–b4**

51

Leider ist es Trumberg mißlungen, seine glänzende Analyse bis zum würdigen Ende zu führen. Er untersuchte nur **23. g3,** was nach 23. ..c5! 24. Le4 cd 25. Ld5 Le8 26. Tf5+ Kg6 27. Tf6+ lediglich Remis ergibt. Doch das von Glaskow entdeckte starke **23. Lg3!** ermöglicht den mühelosen weißen Sieg, da Schwarz gegen das Manöver Tf1–e1–e5 nichts unternehmen kann.

SECHSTES KAPITEL

(1. e4 e5 2. f4)

2. . . . Sg8–f6

Schwarz entwickelt seinen Königsspringer so, daß er gleichzeitig den weißen Zentralbauern angreift. Es entsteht die Stellung aus dem Lettischen Gambit, aber mit vertauschten Farben. Dadurch gewinnt Weiß ein Tempo, was keinesfalls belanglos ist.

Auch 2. ..d6 kommt vor. Darauf ist 3. Sc3 am besten (auf 3. Sf3 ist 3. ..ef möglich, was zur Fischer-Verteidigung führt, siehe 1. Band), und falls 3. ..ef, so 4. Lc4! Dh4+! 5. Kf1 Le6 6. De2. Diese Folge geschah mit Zugumstellung im Treffen Fischer-Evans, New-York 1964, und nach 6. ..c6 konnte Weiß mit 7. d4!, drohend 8. Sd5, in Vorteil kommen.

Neben 3. ..ef geschieht ab und zu auch 3. ..Sf6 4. Sf3 Sc6 (beachtlich ist Nimzowitschs Zug 4. ..Sbd7) 5. Lb5 Ld7 6. d3, was nach 6. ..ef 7. Lf4: Le7 8. 0–0 0–0 9. d4! Weiß bessere Aussichten einräumt.

52

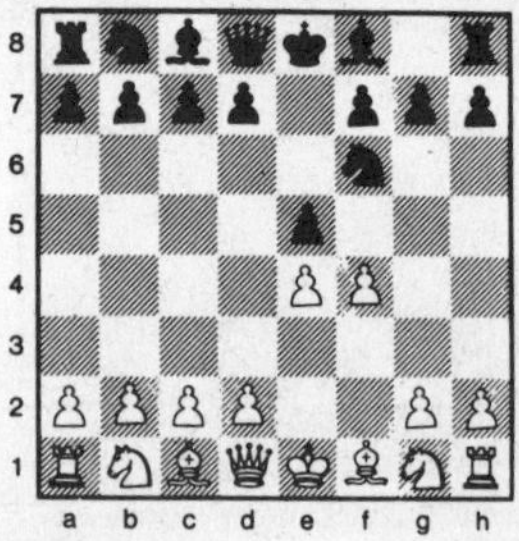

3. f4xe5

Möglich ist auch **3. Sf3,** was nach 3. ..ef die Schallopp-Verteidigung im Springergambit ergibt (siehe 1. Band), während 3. ..d5 4. fe Se4:! zur Hauptvariante führt.

In der Partie Tscheremissin-Rawinski,

Moskau 1959, zog Schwarz nicht 4. ..Se4: sondern 4. ..de. Danach geschah 5. ef ef 6. Df3: Sc6 7. Lb5 Df6: 8. Df6: gf, und mit 9. d4! würde Weiß die bessere Stellung erlangen.

3. ... Sf6xe4

4. Sg1–f3 Se4–g5

Bei 4. ..d6 5. De2 d5 6. Sc3 hat Weiß im Vergleich zur selben Variante in der Wiener Partie ein Tempo übrig.

Oft begegnet 4. ..d5 5. d3 Sc5 6. d4, und falls 6. ..Se6, so 7. c4! c6 8. Sc3 mit Druck auf den Punkt d5. Die Pläne beider Seiten gehen besonders deutlich aus der Partie Bronstein-Cholmow, Wilna 1975, hervor: 8. ..Le7 9. Le3 0–0 10. Dd2 b6 11. Ld3 Sa6 12. cd cd 13. Td1 f5 14. ef Tf6: 15. 0–0 Sac7 16. Se5, und der weiße Vorteil wurde zur Realität.

Eine andere schwarze Erwiderung (statt 6. ..Se6) lautet 6. ..Se4, wonach diese Stellung entsteht.

53

Die vordringlichste weiße Aufgabe besteht nun jedoch in der Entfernung des gegnerischen Springers aus dem Zentrum.

Diesem Ziel entspricht 7. Sbd2 (»Bilguer« empfiehlt 7. c4 und 8. Db3), und falls 7. ..Lf5, so 8. Ld3 Sc6 9. De2 Sd2: 10. Ld2: Ld3: 11. Dd3: mit gutem weißem Spiel. In der Partie S. Torre-R. Torre, Mexiko 1928, erwiderte Schwarz 7. ..f5, und nach 8. ef Sf6: 9. Ld3 Ld6 10. 0–0 0–0 11. e4 c6 12. Db3 b6 13. cd cd 14. Se4! hatte Weiß die Initiative.

Eine andere weiße Möglichkeit in der Diagrammstellung ist **7. Ld3** Le7 (oder 7. ..Lg4 8. 0–0 c5 9. c3) 8. 0–0 0–0 (im Treffen Ivanovic ‹Ostermann, Belgrad 1979, wählte Schwarz 8. ..c5, aber nach 9. c4! cd 10. cd Dd5: 11. Dc2 Sc5 12. Lc4 d3 13. Dc3 Dd8 14. Sg5! kam Weiß zu starkem Angriff) 9. Sbd2! Sd2: 10. Ld2:, und die weiße Stellung scheint aussichtsreicher zu sein. In der Partie Rohde-Martz, Lone Pine 1977, geschah nun 10. ..c5 11. dc Lc5:+ 12. Kh1 Lg4 13. De1 Sc6 14. Lh7:+! mit entscheidendem weißem Angriff.

Doch zurück zur Hauptvariante.

54

5. d2–d4

Die Partie Tschigorin-Bernstein, Kiew 1903, verlief so: 5. c3 Sf3:+ 6. Df3: Dg5? 7. Le2 De5: 8. 0–0 De7 9. d4 c6 10. Dg3 d5 11. Lg5, und der weiße Vorteil war entscheidend. Später schlug G. Rawinski einen anderen schwarzen Plan vor: 5. ..d6 6. d4 Sf3:+ 7. Df3: Dh4+ 8. g3 Dg4 9. Dg4: Lg4: 10. Lg2 c6, aber auch in diesem Fall steht Weiß nach 11. ed Ld6: 12. 0–0 0–0 13. Sd2 aussichtsreicher.

Von Interesse ist **5. Sc3!?**. Erwidert Schwarz 5. ..Sc6 6. d3 Sf3:+ 7. Df3: Dh4+ 8. g3 Dd4, so erlangt Weiß mit 9. Le3 Se5: 10. De2 Db4 11. 0–0–0 d6 12.

d4 klare Überlegenheit, Cheorghiu-Mabbs, London 1971.
Alle Beachtung verdient der weiße Versuch, die Variante mit dem Figurenopfer **5. Lb5** c6 6. 0–0! cb 7. d4 zu widerlegen. Dabei entsteht folgende Stellung:

55

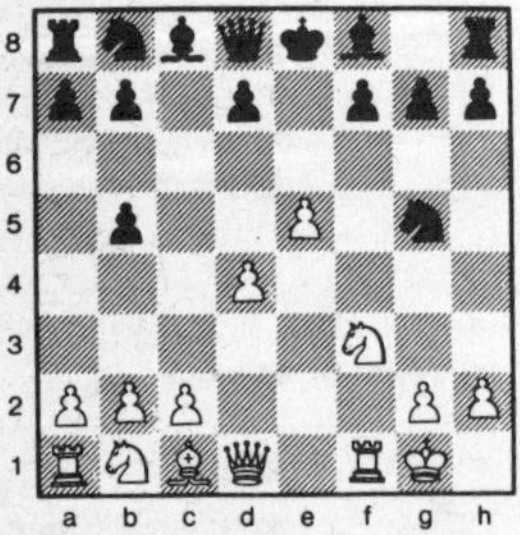

Nach **7. . . Sf3:+** 8. Df3: De7 9. Sc3 oder **7. . . Se4** 8. De2 d5 9. ed f5 10. Sc3 Ld6: 11. Se4: fe 12. Lg5 ist Weiß für die geopferte Figur mehr als entschädigt (Analyse von T. Hay).
Einen besseren Eindruck macht der Rückzug **7. . . Se6,** wonach 8. d5 Lc5+ 9. Kh1 geschieht. Erwidert Schwarz 9. . . Sc7, so wird er nach 10. Sg5 0–0 11. Dh5 h6 12. Se4 Ld4 13. Sf6+! gf 14. Td3 Le5: 15. Dg4+ Kg7 16. Th3 mattgesetzt. Für Schwarz ist es am besten, mit 9. . . 0–0! (statt 9. . . Sc7) 10. de de die Figur zurückzugeben, obwohl nach 11. De2 aktives weißes Spiel den Minusbauern wettmacht.

5. . . . **Sg5xf3+**
6. Dd1xf3 **Dd8–h4+**
7. Df3–f2 **Dh4xf2+**
8. Ke1xf2 **Sb8–c6**

Falls 8. . . d6, so lautet die beste weiße Fortsetzung 9. Lf4! Sc6 10. Lb5 Ld7 11. Te1.

9. c2–c3

Schlechter ist 9. Le3. Die Partie Bronstein-Bernstein, Paris 1954, verlief so: 9. . . d6 10. ed Ld6: 11. Sc3 Lf5 12. Tc1 a6 13. Le2 0–0 14. a3 Tae8, und die schwarze Stellung ist vorzuziehen.

9. . . . **d7–d6**
10. e5xd6 **Lf8xd6**
11. Sb1–d2

56

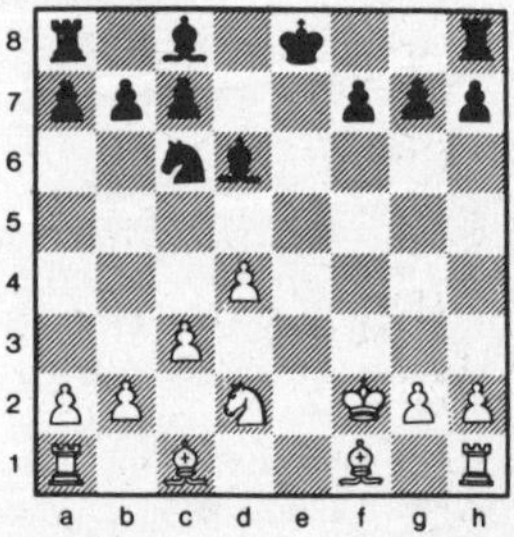

Trotz ihrer Einfachheit ist die Diagrammstellung für Weiß günstiger. Die Partie Fischer-Wade, Vinkovci 1968, verlief so: **11. . . Le6** 12. Se4 Le7 13. Sg5 Lg5: 14. Lg5: h6 15. Lh4 g5 16. Lg3 0–0–0 17. Lb5, und Weiß steht besser. Auch nach **11. . . Lf5** 12. Sc4 Le7 13. d5 Lc5+ 14. Le3 Le3: 15. Se3: Se7 16. Sf5: Sf5: 17. Ld3 hat Schwarz gewisse Schwierigkeiten, Jochannessen-Wade, Zevenaar 1971.

ZWEITER TEIL

Der 2. Teil ist der Analyse der klassischen Verteidigung **2. . . Lc5** gewidmet und besteht aus 3 Kapiteln.
(1. e4 e5 2. f4)

2. . . . Lf8–c5

57

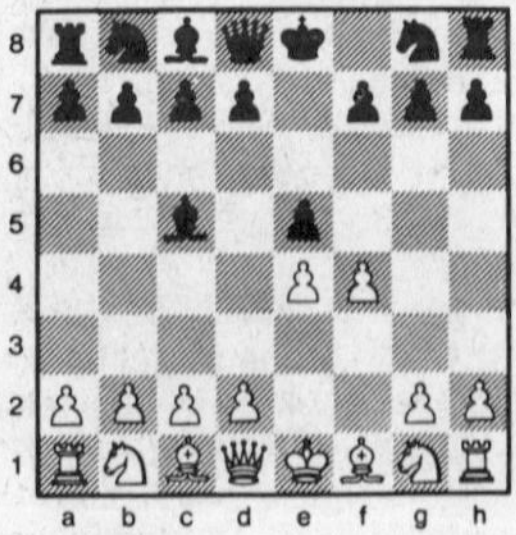

Die altertümliche, aber immer noch populärste Weise, das Königsgambit abzulehnen. Seinerzeit war sie schon Ruy Lopez bekannt. Da Weiß noch nichts droht (falls 3. fe?? Dh4+), darf sich Schwarz erlauben, seinen Läufer zu aktivieren.

3. Sg1–f3

Weiß verstärkt den Druck auf den Punkt e5, was die logischste Fortsetzung sein dürfte.

Verfrüht ist **3. Df3** d6 4. fe de 5. Dg3 wegen 5. . . Sf6!, und falls 6. Dg7: (auf 6. De5:+ geschieht 6. . . Le7 und 7. . . 0–0), so verliert Weiß nach 6. . . Tg8 7. Dh6 Lf2+ 8. Kd1 Tg6 die Dame.

Möglich ist **3. Sc3** d6, und nach 4. Sf3 mündet das Spiel in eine Verzweigung der Hauptvariante. Die von »Bilguer« empfohlene Fortsetzung 4. Lc4 (statt 4. Sf3) ist fehlerhaft, da Schwarz mit 4. . . Lg1: 5. Tg1: Dh4+ in Vorteil kommt. Nach 3. Sc3 kann auch 3. . . Lg1: 4. Tg1: geschehen, und jetzt nicht 4. . . Dh4+? 5. g3 Dh2: 6. Tg2 mit gutem weißem Spiel (»Bilguer«), sondern 4. . . ef 5. d4 Dh4+ 6. g3 mit scharfem Spiel und beiderseitigen Chancen, Zai-Dubinski, UdSSR 1964.

3. . . . d7–d6

Die stärkste Erwiderung. In früheren Zeiten herrschte die Meinung, daß auch **3. . . Sc6** gut sei (die Erwiderung 3. . . d5 wird im 3. Teil des vorliegenden Bandes behandelt), doch, wie wir sehen werden, gewährt dieser Zug dem Nachziehenden keinen Ausgleich.
Nach **4. fe** entsteht diese Stellung:

58

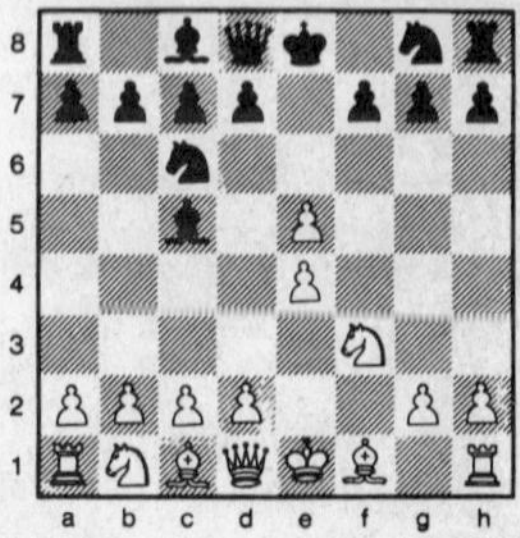

Schwarz stehen 2 Erwiderungen zur Verfügung:

a) **4. . . Se5:,** worauf Zukertort 5. d4 Sf3:+ 6. gf Dh4+ 7. Ke2 Lb6 8. Sc3 mit gutem weißem Spiel empfahl.

Weiß hat aber das Recht auf die Rochade eingebüßt, was nicht jedem behagt. Deshalb schlugen Analytiker einen anderen Weg vor, nämlich 5. Se5: Dh4+ 6. g3 De4:+ 7. De2 Dh1: 8. d4! (falls 8. Sf3+ Kd8 9. d4 Sb6 10. Sg5, so kommt Schwarz mit dem Zug von A. Rabinowitsch 10. . . Tf8! in Vorteil) 8.

..Le7 9. Sf3, und sowohl 9. ..h6 10. Kd2! Sf6 11. Sc3 als auch 9. ..d6 10. Le3 Lf5 11. Sbd2 Lc2: 12. Tc1 Lf5 13. Tc7: ergeben weißen Vorteil (»Enzyklopädie«).

b) **4. ..d6** (empfohlen von Schlechter) 5. ed Dd6: 6. Lb5 Lg4 7. d3 0–0–0, und für den Bauern ist Schwarz ausreichend entschädigt.

Stärker als 6. Lb5 ist 6. c3!, was erstmalig im Treffen Chawski-Iwanow, Leningrad 1971, geschah. In dieser Partie war nach 6. ..Lg4 7. d4! 0–0–0 8. Le3 f5 9. Dc2 Lf3: 10. gf Lb6 11. Sd2 der weiße Vorteil zweifellos.

Aus diesen Beispielen geht hervor, daß 4. fe für Weiß günstig ist.

Vor einigen Jahren entdeckte Großmeister Saizew noch einen Zug, der Weiß in Vorteil bringt: 4. Se5:!, da Schwarz nach 4. ..Se5: 5. d4 Ld4: 6. Dd4: Dh4+ 7. Df2! oder 4. ..Sf6 5. Sc3 0–0 6. Le2 Te8 7. Lf3 auf Schwierigkeiten stößt.

Doch zurück zur Hauptvariante.

59

Das ist die Ausgangsstellung der klassischen Verteidigung. Die Fortsetzungen **4. Le4, 4. Sc3** und **4. c3** bilden den Inhalt der folgenden 3 Kapitel.

Verfrüht ist 4. d4 ed 5. Sd4:, wonach in der Partie Bartuschat-Hirsch, Lüneburg 1935, 5. ..Sf6 6. Sc3 0–0 7. Sf3 Te8 8. Ld3 Lg4 9. h3 Lf3: 10. Df3: Sc6 mit Druck auf das weiße Zentrum geschah.

Beachtenswert ist das Bauernopfer **4. b4.** Nach 4. ..Lb4: 5. c3 Lc5 (auf 5. ..La5 antwortet Weiß mit Vorteil 6. Da4+ und 7. fe) 6. d4 ed 7. cd Lb6 8. Lc4 Sf6 9. Dd3 0–0 10. 0–0 Te8, Jaffe-Reshevsky, New-York 1922, würde 11. Sc3! dem Anziehenden eine aktive Stellung einbringen und dadurch den Bauern wettmachen. In der Partie Morphy-Lord Gremon, London 1895, erwiderte Schwarz 8. ..Sc6 (statt 8. ..Sf6), und nach 9. Lb2 f6 10. f5 De7 11. 0–0 Ld7 12. Sc3 0–0–0 13. Te1 stand Weiß ausgezeichnet.

Neben 5. c3 ist auch 5. Lc4 möglich. Fehlerhaft ist danach 5. ..Sf6 6. fe Se4:? wegen 7. c3 Lc5 8. d3! Sf2 9. De2 Sh1: 10. Lg5, und in der Fernpartie Schlensker-Jasok 1977 mußte Schwarz aufgeben.

Aussichtsreicher als 4. ..Lb4: ist 4. ..Lb6. In der Partie Müller-Schlechter, Wien 1904, folgte darauf 5. Lb2 Sf6 6. Sc3 (nach 6. fe Se4: 7. d4 de 8. Ld3 erlangt Schwarz mit 8. ..Sd6! Vorteil) 6. ..0–0 7. Lc4 Sc6 8. d3 ef 9. a3 Lg4 10. Tf1 Le3, und Schwarz stand überwältigend.

In der Partie Chochlowkin-Ladischenski, Rostow 1959, zog Weiß nicht 5. Lb2, sondern 5. d4!? ed 6. Ld3 a5 7. b5, und 7. ..Sf6! würde Schwarz eine gute Stellung einbringen.

4. Lf1–c4 Sb8–c6

Die Erwiderung 4. ..Sf6 ergibt nach 5. Sc3 Stellungen, die im 2. Kapitel untersucht werden. Nicht gut ist 4. ..Le6 5. Le6: fe 6. c3!.

Auf 4. ..Lg4 ist 5. h3 unzulänglich wegen 5. ..Lf3: 6. Df3: ef! 7. Df4: Sf6 8. c3 De7, drohend d7–d5. Einen besseren Eindruck macht 5. fe. Wie Aljechin zeigte, ist danach 5. ..Sc6 6. ed Dd6: unbrauchbar wegen 7. Lf7:+ Ke7 8. Lg8: Tg8: 9. d3 Se5 und 10. Lf4 oder 10. Lg5+ mit weißem Vorteil.

Schwarz kann aber den Bauern auch auf eine andere Weise opfern, nämlich mit 5. ..de! 6. Lf7:+ Kf8 7. Lb3 Sc6, wonach er gutes Figurenspiel erlangt, Steinitz-Meitner, Wien 1882.

60

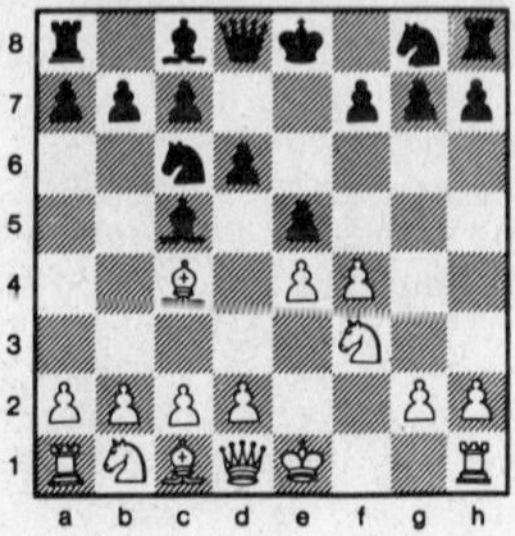

5. c2–c3

Nach **5. d3** Lg4! gestaltet sich das Spiel zugunsten von Schwarz, z.B. 6. h3 Lf3: 7. Df3: Sd4 8. Dg3 Sc2:+ 9. Kd1 Sa1: 10. fe (oder 10. Dg7: Df6 11. Lf7:+ Ke7) 10. ..Se7 11. Dg7: Ld7 mit schwarzem Vorteil.

Auch mit 6. c3 entledigt sich Weiß seiner Schwierigkeiten nicht, was aus der Partie Anderssen-Dufresne, Berlin 1851, hervorgeht. Diese Partie verlief so: 6. ..Sf6 7. h3 Lf3: (gut ist auch 7. ..Le6 8. Lb5 Ld7) 8. ..0–0! 9. f5 d5! 10. Lb3 Dd6 11. Lg5 de 12. de Tad8, und der schwarze Vorteil war offensichtlich.

Zu früh ist es für **5. f5?** wegen 5. ..f6 6. d3 d5!. Auch **5. Sg5** Sh6 6. Dh5 0–0 7. f5 d5 kommt Schwarz zugute.

Falls **5. Sc3,** so 5. ..Lg4! mit besseren schwarzen Aussichten, z.B. 6. h3 Lf3: 7. Df3: ef! 8. Df4: Sf6 9. Lb5 (auf 9. d3 geschieht 9. ..Se5) 9. ..De7! 10. Lc6:+ bc 11. d3 d5 oder 6. Sa4 ef! 7. Se5: dc 8. c3 (auf 8. d3 erwidert Schwarz 8. ..g5) 8. ..Lf3: 9. Df3: Se5 10. De2 Dh4+ mit schwarzem Mehrbauer bei guter Stellung, Zukertort-Schallopp, Frankfurt 1887.

5. . . . Sg8–f6

Bekannt ist auch 5. ..Lg4, wonach 6. h3 Lf3: (falls 6. ..Le6 7. Le6: fe, so entweder 7. d4 oder 7. Db3) 7. Df3: De7 8. f5 0–0–0 9. d3 Sf6 10. Lg5 mit annähernd gleichen Chancen möglich ist, Steinitz-Noa, Wien 1882. Wählt aber Schwarz 5. ..f5, dann geschieht 6. d4.

6. f4xe5

Übereilt ist der Versuch, mit 6. d4 ed 7. cd Lb6 8. 0–0 0–0 9. Sc3 das Zentrum zu erobern. Wie aus der Partie Winawer-From, Paris 1867, hervorgeht, erlangt Schwarz nach 9. ..Lg4 10. Le3 Te8 11. Dd3 Sb4 12. Dd2 Se4:! 13. Se4: Te4: 14. Sg5 Te3:! entscheidenden Vorteil.

Schwach ist auch 6. d3 0–0 7. De2 (auf 7. fe ist 7. ..Se5: 8. Lb3 Te8! gut) 7. ..Te8 8. f5? wegen 8. ..d5! 9. Lb3 Lf5:!, Tschigorin-Burn, Ostende 1905.

6. . . . d6xe5

7. d2–d3 0–0

Auf 7. ..Lg4 setzt Weiß mit 8. h3 Lf3: 9. Df3: mit guten Aussichten fort, Wolf-Levy, Wien 1904. In dieser Partie kam Weiß nach 9. ..h6 10. Sd2 a6 11. Sb3 Dd7 12. Sf1 0–0–0 13. Lc2 und weiter Le3 und 0–0–0 zur Initiative.

8. Dd1–e2 a7–a5

9. a2–a4 Lc8–e6

10. Lc4:e6 f7xe6

61

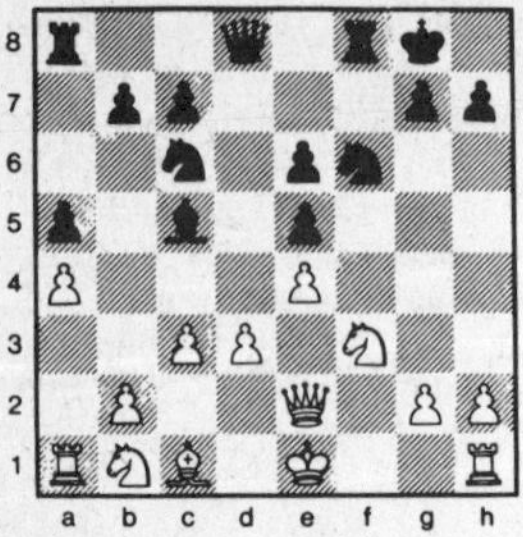

In dieser Stellung muß Schwarz sehr behutsam spielen, sonst wirkt sich bei weiteren Vereinfachungen der bessere Bauernaufbau von Weiß aus. Die Partie Ciocaltea-Radulescu, Bukarest 1964, verlief so: **11. Le3** De7 12. Lc5: Dc5: 13. Sa3 Tad8 14. Sg5 Tde8, und nach 15. Sc4 Sd8 16. Sf3 Sc6 17. De3 De3:+ 18. Le3: Sd7 19. Ke2 ist der weiße Vorteil deutlich.

ZWEITES KAPITEL

(1. e4 e5 2. f4 Lc5 3. Sf3 d6)

4. Sb1–c3

Die beliebte Fortsetzung von Tschigorin. Aljechin hat sie als »sicher und vielversprechend« bezeichnet.

62

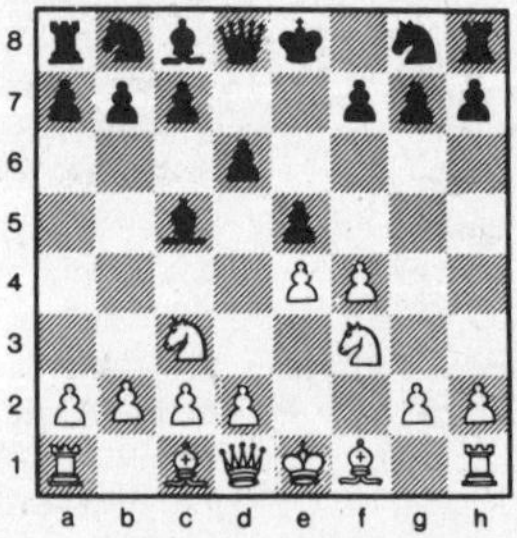

4. . . . **Sg8–f6**

Diese Erwiderung kommt am häufigsten vor. Immerhin sind auch andere Fortsetzungen zu erwähnen:

a) **4. . . Sc6** 5. Lb5!, und nach 5. . . Sf6 6. d3 Lg4 (oder 6. . . 0–0 7. Lc6: bc 8. fe de 9. De2 und 10. Le3) 7. Sa4 Lb6 8. Sb6: ab 9. 0–0 0–0 10. d3, Tschigorin-Salve, Karlsbad 1907, bzw. 5. . . Lg4 6. Lc6:+ bc 7. fe de 8. h3 Lf3: 9. Df3: Se7 10. d3 Sg6 11. Ld2, Schlechter-Tietz, Karlsbad 1906, sind die weißen Aussichten besser.

Eine bessere Antwort auf 5. Lb5 ist (statt 5. . . Sf6 oder 5. . . Lg4) 5. . . Ld7! 6. Sa4 Lb6 7. Sb6: ab 8. Ld3 Sge7 9. 0–0 0–0 10. f5 f6 11. Lc4+ Kh8, und in der Partie Capablanca-Molina, New-York 1906, konnte Schwarz nach 11. a3 Le8 13. Le6 (beachtenswert war auch 13. La2!, um auf 13. . . Lf7 mit 14. c4! zu antworten) mit 13. . . Lf7! und 14. . . d5! annehmbares Spiel erlangen.

b) **4. . . a6** 5. fe! de 6. Se5: Dd4 (oder 6. . . Sf6 7. De2!) 7. Sd3 La7 8. Sd5! De4:+ 9. De2 De2:+ 10. Le2: Kd8 11. Se5 Le6 12. Sf4 mit weißer Überlegenheit.

c) **4. ..Lg4** 5. h3 Lf3: 6. Df3: ef 7. Df4 Sf6, Wolf-Neumann, Ostende 1905, und 8. Sa4! brächte dem Anziehenden Vorteil.

5. Lf1–c4

63

In der Diagrammstellung sind die Abspiele **A. 5. ..0–0** und **B. 5. ..Sc6** eine eingehende Untersuchung wert.

Auf **5. ..c6,** kann entweder 6. fe de 7. De2 Sbd7 8. d3 b5 9. Lb3 a5 10. a4! b4 11. Sd1 La6 12. Se3!, Tschigorin-Marco, Ostende 1905, oder 6. d3 De7 7. De2 Lg4 8. fe de 9. Le3 Sbd7 10. Sd1, Honfi-Hardicsay, Ungarn 1975, mit weißer Überlegenheit geschehen.

Unzulänglich ist **5. ..Le6** 6. Le6: fe 7. fe de 8. Se5: Dd4.

In der Partie Melichow-Sarkisjan, UdSSR 1958, war Weiß nach 9. Sd3 Lb6 (oder 9. ..Se4: 10. De2!) 10. De2 Sc6 11. b3 im Vorteil.

A.

5. ... 0–0

6. d2–d3

Der Tausch 6. fe de bringt Weiß nichts ein, und nach 7. d3 Sc6! 8. Lg5 (oder 8. Sa4 Dd6 9. Lg5 Sg4) 8. ..Le6 9. Le6: (bei 9. Sd5 geschieht 9. ..Ld5: 10. Ld5: h6) 9. ..fe 10. Dd2 Dd6 ist das Spiel ausgeglichen.

6. d3 ergibt eine Stellung, die mit vertauschten Farben im Jänisch-Gambit des Spanischen entstehen kann.

64

6. ... Sb8–c6

Andere Erwiderungen sind schwächer. Der Ausfall **6. ..Sg4** ist verfrüht. Die Partie Neumann-Dufresne 1864 verlief so: 7. Tf1 Sh2: 8. Th1 Sg4 9. De2 Lf2+ 10. Kf1 Sc6 11. f5 Lc5 12. Sg5 Sh6 13. Dh5 De8 14. Sh7:!, und Weiß stand auf Gewinn.

Im Treffen Tschigorin-Wolf, Ostende 1905, geschah **6. ..Le6** 7. Le6: fe 8. Sa4 Lb6 9. Sb6: ab 10. fe de 11. Se5: (gut ist auch 11. 0–0) 11. ..Se4:. Diese Stellung wird in Eröffnungshandbüchern als äußerst günstig für Schwarz bezeichnet, aber es handelt sich offensichtlich um einen Irrtum: nach 12. Sf3! sind die weißen Aussichten besser.

Auf **6. ..Sbd7** ist 7. f5! möglich. Die Partie Rubinstein-Marco, Haag 1921, verlief so: 7. ..c6 8. a3 b5 9. La2 a5 10. De2 Db6, und nach 11. Sg5! a4 (falls 11. ..h6, so 12. h4!) 12. Sd1 besaß Weiß Initiative.

Wählt Schwarz **6. ..Lg4,** so sind nach 7. h3 Lf3: 8. Df3: die weißen Aussichten besser, Anderssen-Minckwitz, Berlin 1866; Weiß kam nach 8. ..c6 9. f5 Sbd7 10. g4 Sb6 11. Lb3 a5 12. a4 Lb4 13. Ld2 d5 14. g5 zu vehementem Angriff.

Auf **6. ..c6** 7. fe de darf Weiß 8. De2 spielen, ohne die schwarze Offensive am Damenflügel zu befürchten, weil 8. ..b5 9. Lb3 Sbd7 10. a4 b4 11. Sd1 La6

12. Lg5 (richtig ist auch 12. Sf2 Dc7 13. Le3 Le7 14. Sd2!) 12. ..Dc7 den Anziehenden mit 13. Sd2! Kh8 14. Tf1 Le7 15. Le3 Tad8 16. g4! in Vorteil bringt, Maroczy-Neumann, Wien 1904. Neben 8. De2 ergibt auch 8. Lg5 b5 9. Lb3 a5 10. a4 b4 11. Se2 Db6 12. Lf6: Lf2+ 13. Kf1 gf 14. Sg3 Le6 15. Sh4 weißen Vorteil (die obige Zugfolge entspricht mit vertauschten Farben dem Verlauf der Partie Szabo -Bronstein, Moskau 1956).

7. Sc3–a4

In der Partie Tschigorin-Vidmar, Karlsbad 1907, geschah 7. f5?! h6! 8. De2 Sd4 9. Sd4: ed 10. Sa4, und nach 10. ..Lf5: verlor Weiß einen Bauern.

7. . . . Lc5–b6

Auf 7. ..Lg4 ist 8. Sc5: dc 9. c3! gut.

8. Sa4xb6 a7xb6

64 a

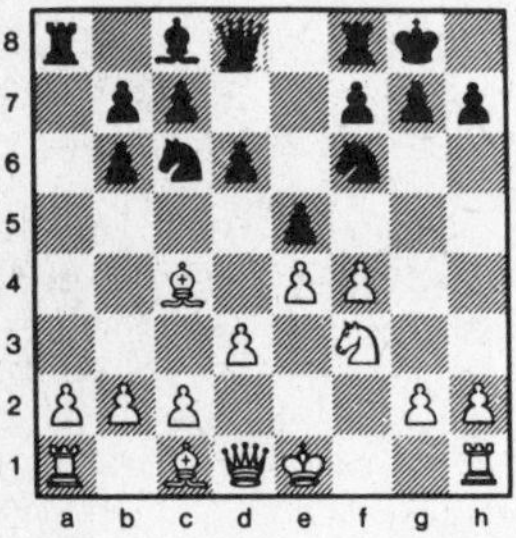

In dieser kritischen Stellung wählte Tschigorin gegen Vidmar, Nürnberg 1906, **9. 0–0,** aber dies erwies sich als verfrüht: Nach 9. ..Sa5! 10. fe de 11. De2 Sc4: 12. dc Lg4 13. Kh1 Sh5 14. Df2 f5! hatte Weiß ernste Schwierigkeiten. Unzulänglich ist auch 9. a3 d5!. Die richtige Fortsetzung lautet **9. fe!** de, und erst jetzt entweder 10. a3 oder 10. c3 mit Rochade, wonach beide annähernd gleich stehen.

B.

(1. e4 e5 2. f4 Lc5 3. Sf3 d6 4. Sc3 Sf6 5. Lc4)

5. . . . Sb8–c6

6. d2–d3

65

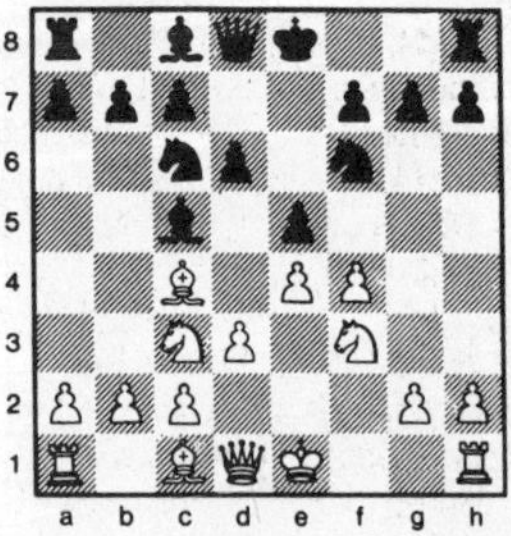

Die kritische Stellung auf unserem Diagramm wurde zum Ausgangspunkt zahlreicher Untersuchungen. Sie kann auch in anderen Eröffnungen entstehen, – in der Wiener Partie und im Läuferspiel.

Schwarz verfügt über mehrere Erwiderungen. Einer eingehenden Analyse sind zwei von ihnen wert, nämlich I. **6. ..Lg4** und II. **6. ..a6.** Bei **6. ..0–0** verläuft das Spiel nach dem unter A bereits besprochenen Muster.

Doch zuerst sollen einige weniger gebräuchliche Abspiele erwähnt werden: a) **6. ..Sg4** 7. Sg5! h6 8. f5! (fehlerhaft ist 8. Sf7: Dh4+ 9. g3 Dh3 10. Sh8: wegen 10. ..Dg2 11. Tf1 Lf2+ 12. Kd2 Le3++ 13. Ke1 Sd4! 14. Se2 Sh2: 15. Le3: Shf3+! mit Matt im nächsten Zug) 8. ..Se3 (in der Partie Greene-Nyman, Manchester 1977, wählte Schwarz 8. ..Lf2+ 9. Kf1 Le3, übersah Weiß jedoch die Möglichkeit, mit 10. Lf7:+! Kf8 11. Dg4: in Vorteil zu kommen) 9. Lf7:+ Kf8 10. Le3: Le3: 11. Se6+ Le6: 12. fe Df6 13. De2 Sd4 14. Sd5, und der weiße Vorteil ist offensichtlich, Fernpartie Dresden-Prag 1835.

Auf 7. ..0–0 (statt 7. ..h6) ist 8. f5 Lf2+

9. Kf1 gut. Die Partie Kamyschow-Panow, Moskau 1944, verlief so: 9. ..Se3+ 10. Le3: Le3: 11. h4 Lg5: (oder 11. ..g6 12. Sf7: Tf7: 13. Df3) 12. hg Dg5: 13. Th5, und Weiß hat starken Angriff.
b) **6. ..Sd4** 7. fe Sg4 bringt dem Nachziehenden ebenfalls nichts ein. In der Partie Milner-Barry–Thomas, Hastings 1933, war Weiß nach 8. Sd4: Ld4: 9. e6 Dh4+ 10. g3 Lf2+ 11. Ke2 Dh5 12. h3! im Vorteil.
c) **6. ..Le6** 7. Lb5!, und sowohl nach 7. ..0–0 8. f5 Ld7 9. Lg5 Sd4 10. Ld7:! Dd7: 11. Lf6: gf 12. Sd4: Ld4: 13. Sd5 (»Enzyklopädie«) als auch nach 7. ..a6 8. Lc6:+ bc 9. fe! de 10. De2, Spielmann-Tartakower, Wien 1914, bleibt Weiß im Vorteil.
Neben 9. fe! macht auch 9. f5 einen guten Eindruck. Antwortet Schwarz 9. ..Lc8, so erlangt Weiß nach 10. h3 h5 11. De2 bessere Aussichten, Berliner-Evans, USA 1946. In der viel früher ausgetragenen Partie Feyerfeil-Lasker, Breslau 1889, gab Schwarz 9. ..Ld7 den Vorzug, aber nach 10. Lg5 h6 11. Lh4 Tb8 12. Tb1 De7 13. De2 d5 14. Sd1 (gut ist auch 14. ed Lf5: 15. De5:!) 14. ..de 15. de Dd6 16. Sd2 war Weiß im Vorteil.
Zu weißem Vorteil führt auch 7. ..Ld7 8. Sa4 Sd4, Spielmann-Selesniew, Meran 1924, falls der Anziehende hier mit 9. Ld7:+! Sd7: 10. Sc5: Sf3:+ 11. Df3: Sc5: 12. Dg3! fortsetzt.
d) **6. ..Sa5.** Schwarz sucht den weißfeldrigen Läufer zu beseitigen, wird aber die eigenen Schwierigkeiten nicht los, z.B. 7. Lb3 Sb3: 8. ab a6 (falls 8. ..Lg4, so 9. Sa4) 9. h3 h6 10. Se2 De7 (auf 10. ..d5 geschieht 11. Se5:! de 12. d4 La7 13. c4) 11. fe de 12. Ld2! Ld7 13. Lc3 Ld6 14. 0–0 mit weißer Initiative, Spielmann-Fleischmann, Barmen 1905, oder 7. De2 Sc4: 8. dc De7 9. f5! Lb4 10. Ld2 Ld7 11. 0–0–0 a6 12. The1, und die weißen Aussichten sind besser. Aljechin-Grinberg, Odessa 1916.

I.

**6. ...	Lc8–g4**

Diese Erwiderung ist am gebräuchlichsten, aber auch danach kann Weiß Vorteil erlangen.

66

In dieser Stellung sind **1) 7. h3** sowie **2) 7. Sa4!** herkömmlich. Beachtenswert ist auch **7. Lb5,** und falls 7. ..0–0, so hat Weiß nach 8. Lc6: bc 9. fe de 10. h3 gutes Spiel. In der Partie Fritz-Blackburne, Frankfurt a.M. 1887, geschah 7. ..Sd7 8. Lc6: bc 9. h3 Lf3: 10. Df3: Tb8 11. Se2 ef 12. d4 Lb6 13. Lf4. (stärker ist 13. Df4:!) 13. ..La5+ 14. c3 Tb2: 15. 0–0 0–0 16. Sg3 mit weißer Initiative für den Bauern.

1.)

7. h2–h3

Früher galt diese Fortsetzung als die stärkste, aber heute kommt sie äußerst selten vor.

**7. ...	Lg4xf3**

Der Rückzug 7. ..Le6 ist unlogisch, da Weiß im Vergleich zu ähnlichen Varianten, die wir zum 6. schwarzen Zuge besprochen haben, hier das wichtige Tempo h2–h3 gewonnen hat. Bekannt ist z.B. 8. Lb5 a6 9. Lc6:+ bc 10. f5 (gut ist auch 10. fe de 11. De2!, aber nicht 11. Lg5? Dd6 12. Dd2 Tb8 mit gutem schwarzem Spiel, Tschigorin-Schlechter, Ostende 1907) 10. ..Ld7 11. g4 (hier wirkt sich h2–h3 aus) 11...h6 12. De2 Tb8 13. Sd1 De7 14. c3 a5 15. Th2 Lc8 16. Le3 La6 17. Lc5: dc 18. c4 mit weißem Vorteil, Maljutin-Reggio, Ostende 1906.

8. Dd1xf3

67

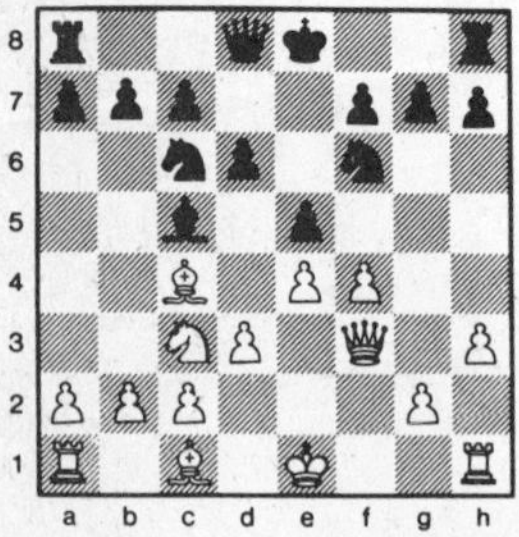

8. ... Sc6–d4

Beachtenswert ist auch die Erwiderung 8. ..ef von L. Svenonius, wonach für Weiß 9. Lb5! 0–0 10. Lc6: bc 11. Lf4: mit etwa gleichen Aussichten richtig ist (Hinweis von Rubinstein).
Schwächer ist 9. Df4: Se5! 10. Tf1 (bei 10. Lb3 ist 10...Sh5! gut) 10...0–0 11. Lb3 Sh5 12. Dg5 Dg5: 13. Lg5: Sg3 mit klarem schwarzem Vorteil. Zieht Weiß 9. Lf4:, so erwidert Schwarz mit Vorteil 9. ..Sd4. Das Turmopfer 10. Dg3 ist nicht korrekt: nach 10. ..Sh5! 11. Dg4 Sf4: 12. Df4: Sc2:+ 13. Kd1 Se3+ 14. Kd2 Sc4:+ steht Schwarz auf Gewinn. In der Partie Mieses-Spielmann 1925 wählte Weiß nicht 10. Dg3, sondern 10. Dd1 c6 11. Dd2, und, wie Aljechin zeigte, könnte Schwarz mit 11...d5! 12. ed 0–0 starken Angriff erlangen.

9. Df3–g3

Weiß bietet ein interessantes positionelles Opfer an.
(Diagramm 68)

9. ... e5xf4

Der Zug **9. ..Sc2:+** wird im Kommentar

68

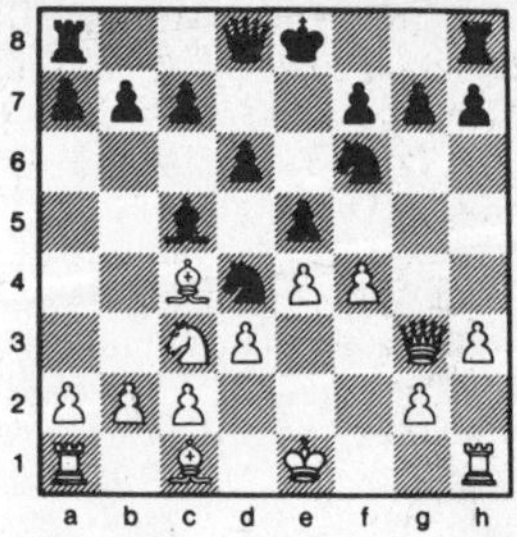

zur Partie Nr. 4 Tschigorin-Pillsbury besprochen.
Andere Erwiderungen räumen Weiß ebenfalls gute Aussichten ein, z.B.:
a) **9. ..De7** 10. fe de (auf 10. ..Sh5 ist für Weiß 11. Dg4 De5: 12. Kd1 c6 13. Lg5! g6 14. Tf1 0–0 15. Lh6 mit Vorteil möglich) 11. Kd1 c6 12. a4 Tg8 13. Tf1 0–0–0 14. Se2, und nach 14...h6 (falls 14. ..Se6, so 15. De5:, und auf 14. ..Se4: geschieht 15. Dg4+) 15. Sd4: Ld4: 16. c3 Lb6 17. a5 Lc7 18. Le3 Kb8 19. Lc2 ist die weiße Überlegenheit offensichtlich, Rubinstein-Hromadka, Mährisch-Ostrau 1923.
b) **9. ..0–0** 10. fe de 11. Lg5 (beachtenswert ist auch 11. Kd1) 11. ..Sc2:+ 12. Kd1! Sa1:, und mit 13. Sd5 Le7 14. Se7:+ De7: 15. Tf1 Kh8 16. Dh4 erlangt Weiß entscheidenden Vorteil.
Die »Enzyklopädie« empfiehlt 11...Dd6 12. 0–0 Sh5 13. Dh4 Sf4 14. Lf4: ef 15. Sd5 Se6 16. Thf1 c6 mit ausgeglichenem Spiel. Weiß kann aber statt 15. Sd5 stärker 15. Thf1 Se6 16. Kb1! spielen, wonach sowohl 16. ..Le3 17. Sd5 als auch 16...c6 17. Le6: fe 18. d4 weißen Vorteil ergeben.
c) **9. ..Sh5** 10. Dg4 g6 11. Tf1 (auch 11. Kd1! ist gut) 11...ef 12. Lf4: mit gutem weißem Spiel, Rabinowitsch-Salwe, Wilna 1909.

10. Dg3xg7 Th8–f8

11. Ke1–d1 Dd8–e7

12. Th1–f1 Tf8–g8

Nicht gut ist 12. ..0–0–0 13. Tf4:, und 13. ..Sh5 geht wegen 14. Dg4+ nicht.

13. Dg7–h6 Tg8xg2

14. Lc1xf4

69

In der Diagrammstellung sind die weißen Drohungen nach wie vor gefährlich. Unbrauchbar ist z.B. **14. ..Lc2:** wegen 15. Lg5 Tg5: 16. Dg5: Se3+ 17. Le2 Sf1: 18. Tf1: Ld4 19. Sb5! Lb2: 20. Sc7:+ Dc7: 21. Db5+ mit unzweideutigem weißem Vorteil.

Besser ist **14. ..Tg6** 15. Dh4 Se6 16. Ld2 Kd7 (jedoch nicht 16. ..0–0–0 17. Le6: und 18. Lg5), aber auch in diesem Fall ist die weiße Stellung nach 17. Le6: De6: 18. Se2 vorzuziehen.

2.)

(1. e4 e5 2. f4 Lc5 3. Sf3 d6 4. Sc3 Sf6 5. Lc4 Sc6 6. d3 Lg4)

7. Sc3–a4!

Auf diese Weise beseitigt Weiß den gefährlichen Läufer und erlangt bessere Aussichten.

(Diagramm 70)

70

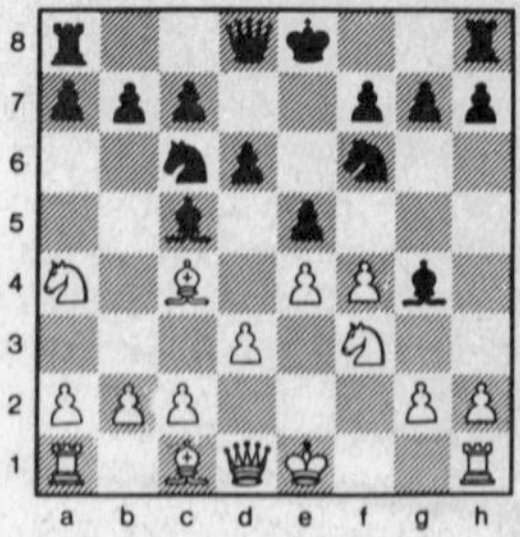

7. . . . e5xf4

Obwohl Schwarz über mehrere Erwiderungen verfügt, ist für ihn kein deutlicher Weg zum Ausgleich zu sehen.

Zu erwähnen sind noch folgende Erwiderungen:

a) **7. ..Lf3:** 8. Df3: Sd4 9. Dg3 Sc2:+ (auf 9. ..ef 10. Dg7: Tf8 geschieht 11. Sc5:! dc 12. Lf4:, und falls 12. ..b5, so 13. Lb5:+! Sb5: 14. Lg5 Tg8 15. De6: Tg5: 16. Dc6+ Kf8 17. Db5: Tb8 18. Dc4 Tb2: 19. Tf1! mit klarem weißem Vorteil, Fernpartie Honfi-Salm 1958/60) 10. Kd1 Sa1: 11. Dg7: Tf8, und 12. Sc5:! dc 13. fe Se4: (falls 13. ..Dd7, so 14. Df6:) 14. Tf1 De7 (oder 14. ..Dd7 15. Lf7:+) 15. Lh6! 0–0–0 16. Dg4+ ergibt weißen Vorteil.

9. Dd1 (statt 9. Dg3) wird im Kommentar zur Partie Nr. 5 Balaschow-Matanović besprochen.

b) **7. ..a6** (auf 7. ..0–0 ist 8. Sc5: dc 9. c3! richtig) 8. Sc5: dc 9. 0–0 De7 10. h3 Lf3: 11. Df3: 0–0, und in der Partie Aljechin-Teichmann, Berlin 1921, stand Weiß nach 12. Le3 ef 13. Df4: Se5 14. Lb3 überlegen. Auch bei 9. a4 (statt 9. 0–0) 9. ..Sh5 10. f5 Sf4 11. 0–0 Sd4 12. Lf7:+ Kf8 13. Lf4: ef 14. La2 kommt Weiß in Vorteil, Spielmann-Hromadka, Pistyan 1922.

c) **7. ..Sd4** 8. Sc5: dc 9. c3! (das ist besser als 9. fe Sd7! 10. Lf4 De7 11. 0–0 0–0–0 mit gutem schwarzem Spiel, Spielmann-Rubinstein, Moskau 1925) 9. ..Sf3:+ 10. gf Lh5 (aber nicht 10. ..Se4:? 11. 0–0!) 11. De2 (gut ist auch 11. Tg1) 11. ..Dd6, und jetzt nicht 12. f5 g6 13. fg Lg6: mit annähernd gleichem Spiel, Spielmann-Bogatyrtschuk, Moskau 1925, sondern 12. fe! De5: 13. f4! De7 14. Dg2 mit besseren

weißen Aussichten (Analyse von Bogoljubow).
d) **7. . . De7** 8. Sc5: dc 9. Lb5! ef (oder 9. . . Ld7 10. Lc6: Lc6: 11. Se5:) 10. Lc6:+ bc 11. Lf4: c4 12. 0–0 0–0 13. De2 mit geringem weißem Vorteil, Milner-Barry–Ed. Lasker, Mannschaftstreffen per Fernsehen London-New York 1976.
e) **7. . . Sd7** 8. Sc5: dc 9. 0–0 ef 10. Lf4: Sce5: 11. Se5:! (dieses Damenopfer ist korrekt) 11. . . Ld1: (auch nach 11. . . Se5: 12. Lf7:+ Kf8 13. Le5: Ld1: 14. Tad1: ist Weiß für die Dame ausreichend entschädigt) 12. Sf7: Dh6 13. Tad1: Tf8 14. Lc7: Db2: 15. e5! mit weißem Vorteil, Spielmann-Maroczy, Wien 1907.
f) **7. . . Lb6** (nach Aljechin ist diese Erwiderung relativ am besten) 8. Sb6: ab 9. c3 ef (geringes positionelles Übergewicht von Weiß ergibt 9. . . d5 10. ed Sd5: 11. h3, Spielmann-Przepiorka, Nürnberg 1906) 10. Lf4: Sh5 11. Le3 Se5. So verlief die Partie Zukertort-Anderssen, Leipzig 1877, in der Weiß mit 12. Lb3! Lf3: 13. gf Dh4+ 14. Kd2! gute Aussichten erlangen konnte.
Doch zurück zur Hauptfortsetzung **7. . . ef.**

71

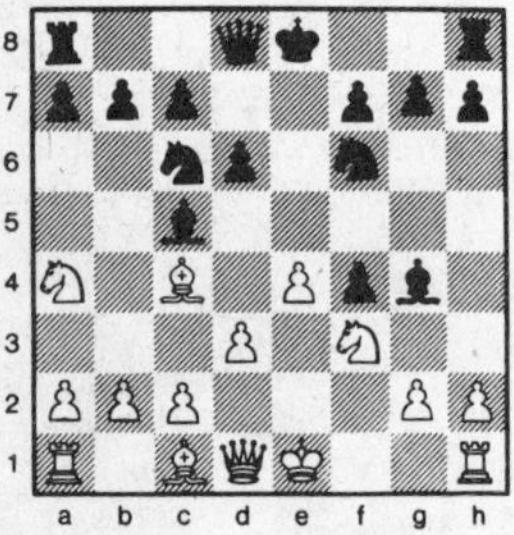

8. Sa4xc5 **d6xc5**
9. Lc1xf4 **Sf6–h5**
10. Lf4–e3 **0–0**

In der Partie Aljechin-Tenner, Köln 1907, spielte Schwarz versehentlich 10. . . Se5?, und wurde in 5 Zügen mattgesetzt: 11. Se5:! Ld1: 12. Lf7:+ Ke7 13. Lc5:+ Kf6 14. 0–0+ Ke5: 15. Tf5‡.

11. 0–0 **Sc6–e5**

G. Thiman empfiehlt 11. . . Sd4, und falls 12. Ld4: cd 13. h3, so 13. . . Le6! mit Ausgleich. Stärker als 12. Ld4: ist jedoch 12. c3! b5 13. Ld5 c6 14. Ld4:! mit Gewinn von Material.

72

In der Partie Spielmann-Schlechter, Ostende 1906, opferte Weiß mit **12. Se5:!?** die Dame und war dafür nach 12. . . Ld1: 13. Sf7: Tf7: 14. Lf7:+ Kh8 15. Tad1: Sf6 16. Lc5: mit einem Turm, Läufer und 2 Bauern entschädigt.
Auf **12. Lc5:,** empfiehlt Thiman dem Nachziehenden 12. . . Lf3: 13. gf Dg5+ 14. Kh1 Sc4: 15. Lf8: Se3, angeblich mit Vorteil. Diese Empehlung halten wir für einen Irrtum: nach 16. Tg1 Df4 17. Lg7:! Sg7: 18. De2 ist nicht Schwarz, sondern Weiß im Vorteil.

II.
(1. e4 e5 2. f4 Lc5 3. Sf3 d6 4. Sc3 Sf6 5. Lc4 Sc6 6. d3)

6. . . . **a7–a6**

Ein prophylaktischer Zug, der den schwarzen Läufer vor dem Tausch schützt.
(Diagramm 73)

7. f4xe5

E. Adams empfiehlt die Fortsetzung **7.**

73

Sg5!? 0–0 8. f5 Sa5 (falls 8. . .h6, so 9. h4!) 9. Lf7:+ Tf7: 10. Sf7: Kf7: 11. g4 mit Angriff.
Beachtenswert ist auch **7. h3,** und falls 7. . .0–0, so 8. f5 Sd4 9. g4 b5 10. Lb3 Lb7 11. g5 mit gefährlichem weißem Angriff, Gottschall-Jakob, München 1900.
Schwächer ist **7. f5** Sd4 8. Lg5 c6 9. Sd4: Ld4: 10. Dd2 h6 11. Lf6: Df6: 12. Lb3 Ld7 13. Sd1 0–0–0 mit besseren schwarzen Aussichten, Stahlberg-Bogoljubow 1930.

7. . . . d6xe5
8. Lc1–g5 h7–h6

In der Partie Spielmann-Yates, Moskau 1925, zog Schwarz 8. . .Dd6, wonach 9. Dd2 mit weiterem 10. 0–0–0 oder 10. Le3 Stellungen ergeben würde, die denen aus der Hauptvariante ähnlich sind.

9. Lg5–h4

Der Tausch 9. Lf6: Df6: bringt Schwarz nicht in Schwierigkeiten. In der Partie Honfi-Smejkal, Stip 1978, war das Spiel nach 10. Sd5 Dd6 11. Dd2 Le6 12. Tf1 0–0–0! (aber nicht 12. . .Sa5? wegen 13. b4!) 13. Sh4 Se7 14. Se7:+ De7: ausgeglichen.
Keine Gefahr birgt auch 10. Tf1 (statt 10. Sd5) wegen 10. . .Le6!. In der Partie Kitto-König, Chicago 1938, zog Schwarz versehentlich 10. . .0–0, und Weiß entschied mit 11. Sd5 Dd6 12. Sh4 Sa5 13. Dh5 Sc4: 14. dc c6 15. Sf6+! Kh8 16. Td1 De6 17. Sg6+! den Kampf effektvoll.

9. . . . Dd8–d6
10. Dd1–d2 Sc6–a5
11. Lc4–b3

Auf 11. Lf6: ist 11. . .gf! richtig.

11. . . . Sa5xb3
12. a2xb3

74

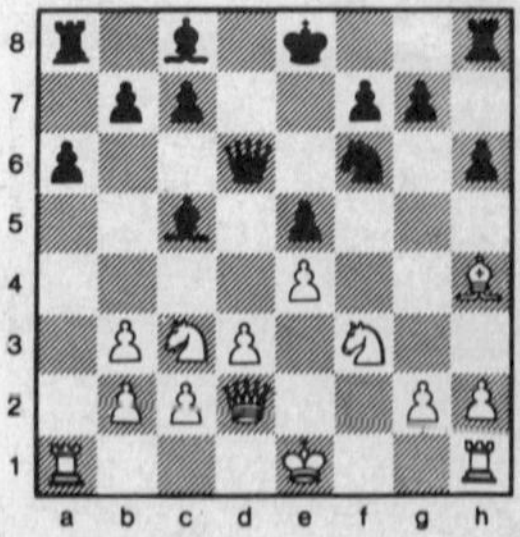

Die Partie Hay-Bisguier, Lone Pine 1972, verlief so: **12. . .Sh5** 13. Sd5 g5 14. Lf2 Lf2:+ 15. Df2:, und Weiß hatte einen gewissen Vorteil. Zwar empfiehlt Hay dem Nachziehenden 12. . .Le6 13. Tf1 0–0, aber nach 14. 0–0–0 scheint die weiße Stellung günstiger zu sein

(1. e4 e5 2. f4 Lc5 3. Sf3 d6)

4. c2–c3

Dieser Zug, der d2–d4 vorbereitet, kann recht scharfe Situationen herbeiführen.

75

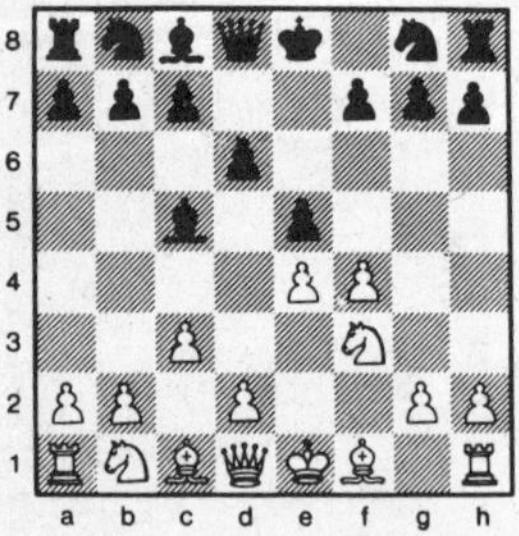

Folgende 4 Abspiele müssen eingehend untersucht werden: **A. 4. ..Lg4, B. 4. ..Sc6, C. 4. ..f5** und **D. 4. ..Sf6.** Wählt Schwarz das Prophylaktische **4. ..Lb6,** um nach 5. d4 ed 6. cd Sf6 das Zentrum anzugreifen, so ist für Weiß 5. Ld3! Sc6 6. Le2 Sge7 7. d3 mit gutem Spiel am besten. In der Partie Levy-Maroczy, Wien 1904, kam Weiß nach 7. ..f5 8. fe de 9. Sbd2 fe 10. de Sg6 11. Sc4 Dd1:+ 12. Ld1: in Vorteil.

Der altertümliche Zug **4. ..De7** ist ebenfalls unzulänglich. Schon Giacchino Greco zog darauf 5. d4 ed 6. cd De4:+ 7. Kf2 mit gefährlicher Initiative für den Bauern.

Im Treffen Lutikow-Lanka, Jurmala 1978, verlief das Spiel so: 5. fe de 6. d4 ed 7. cd Lb6 8. Sc3 Lg4 (fals 8. ..Sc6, so 9. Lb5) 9. Da4+ Sd7 10. Lg5 f6 11. Lf4 Sh6 12. 0–0–0 Sf7 13. Sd5, und Weiß war abermals im Vorteil.

A.

4. ... Lc8–g4

Diese alte Erwiderung bietet Weiß gute Möglichkeiten, Vorteil zu erlangen.

76

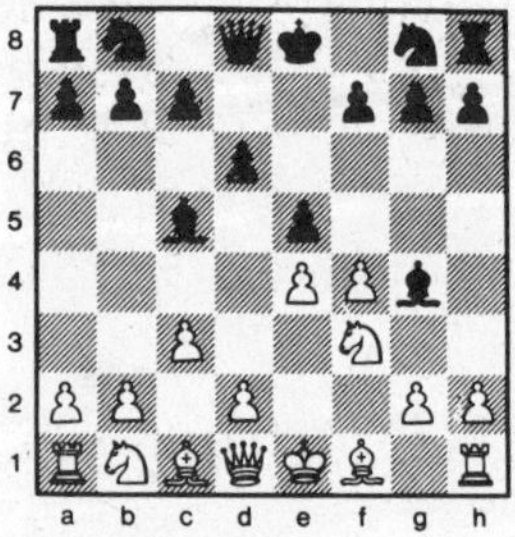

5. f4xe5

Neben dem Textzug ist auch **5. h3** Lf3: 6. Df3: mit etwas besserem weißem Spiel akzeptabel, z.B. 6. ..Sf6 7. fe de 8. Lc4 Sc6 9. d3 h6 10. Sd2 a6 11. Lb3 Dd7 12. Sf1 0–0–0 13. Lc2 und weiter 14. Le3 sowie 0–0–0 mit guten Aussichten, Wolf-Levy, Wien 1904, oder 7. b4 Lb6 8. fe de 9. Sa3 c6 10. Sc4 Lc7 11. Se3 Sbd7 12. Lc4 mit weißem Vorteil, Helling-Sämisch, Swinemünde 1931.

5. ... d6xe5

Auf 5. ..Lf3: 6. Df3: de setzt Weiß mit 7. Dg3 Sf6 (falls 7. ..Df6, so 8. Lc4) 8. d3 0–0 9. Lg5 Sbd7 10. Sd2 c6 11. 0–0–0 fort, wobei er die Initiative hat, Capablanca-Carter, San Louis 1909.

6. Dd1–a4+!

Dieser Zug von Marshall stellt den weißen Vorteil sicher.

6. ... Lg4–d7

Dem Anziehenden kommt auch 6. ..Dd7 7. Lb5 c6 8. Se5:! oder 6. ..Sc6 7. Se5:! Dh4+ 8. g3 Lf2+ 9. Kf2: Df6+ 10. Kg1 De5: 11. Lg2 zugute.

7. Da4–c2

In einer Gastspielpartie in Buenos Aires 1911 zog Capablanca gegen Villegaz und Carranza 7. Db3 Sc6 8. Lc4!

und war nach 8. ..De7 9. Dc2 Sf6 10. d3 h6 11. b4 im Vorteil.

7. ... Sb8–c6

Nicht besser ist 7. ..De7 8. d4 ed 9. cd Lb4+ 10. Sc3 Lc6 (oder 10. ..Sf6 11. e5!) 11. Ld3, und Weiß, der über ein mobiles Zentrum verfügt, hat bessere Aussichten, Euwe-Maroczy, Bad Aussee 1921. Weißen Vorteil ergibt auch 8. ..Ld6 (statt 8. ..ed) 9. Sbd2 Sc6 10. Lc4 0–0–0 11. 0–0, Réti-Barasz, Temesvar 1912.

8. b2–b4 Lc5–d6

77

Sobald Weiß den Läufer von der Diagonalen g1–a7 vertrieben hat, ist seine Stellung besser, was folgende praktische Beispiele bezeugen:

9. Lc4 Sf6 10. d3 De7 (auf 10. ..Se7 geschieht a4!) 11. 0–0 0–0–0 12. a4 (siehe Partie Nr. 6 Bronstein-Panow);

9. Le2 De7 10. Sa3 a5 11. b5! Sd8 (zugunsten von Weiß ist auch 11. ..La3: 12. La3: Da3: 13. bc Lc6: 14. Se5:) 12. Sc4 f6 13. 0–0 Sh6 14. d4, Larsen-Jouner, Birmingham 1951.

B.

(1. e4 e5 2. f4 Lc5 3. Sf3 d6 4. c3)

4. ... Sb8–c6

Diese Verteidigung ist ebenfalls unzulänglich.

(Diagramm 78)

5. Lf1–b5

Möglich ist auch sofort **5. d4** ed 6. cd,

78

und falls 6. ..Lb4+, so ist nach 7. Ld2 Ld2:+ 8. Sbd2: die weiße Stellung aussichtsreicher (starkes Bauernzentrum).

In Eröffnungshandbüchern wird **5. fe** de 6. Lb5 Ld7 7. d4 empfohlen, doch dies ist wegen 7. ..ed 8. cd Sd4:! fehlerhaft, da 9. Sd4:? Dh4+ verliert (Analyse von Glaskow).

Im Treffen Tartakower-Burn, Karlsbad 1911, geschah 6. b4 (statt 6. Lb5) 6. ..Lb6 7. Lb5 Sf6! 8. Se5: 0–0 9. Sc6: (günstig ist für Schwarz auch 9. Lc6: bc 10. Sc6: De8), und nach 9. ..bc 10. Lc6: Se4:! erlangte Schwarz starken Angriff.

5. ... Lc8–d7

In der Partie Bhend-Band, Sousse 1961, erwiderte Schwarz 5. ..De7, und nach 6. fe de 7. d4 ed 8. 0–0!? dc+ 9. Kh1 cb 10. Lb2: kam Weiß zu durchschlagendem Angriff.

6. d2–d4 e5xd4

7. c3xd4 Lc5–b6

8. 0–0 Sg8–f6

Bekannt ist 8. ..Sge7 9. Sc3 0–0 10. Kh1 Lg4 11. Le3 d5 12. Lc6: bc 13. e5 Sf5 14. Lf2 Dd7, Pollock-Delmar, Scanateli 1891, und laut Steinitz würde Weiß mit 15. Sa4! und 16. Tc1 beträchtliche Überlegenheit erlangen.

Nach 8. ..De7 9. Sc3 0–0–0 10. Kh1 (gut ist auch 10. Te1) 10. ..f5 11. d5 Sb8 konnte Weiß in der Partie Paulsen-

Schwengers, Düsseldorf 1863, mit 12. e5! in Vorteil kommen.

9. Sb1–c3 0–0

Nach 9. ..Se7 10. Ld3 c5 ist 11. e5! gut, Gais-Haber 1969.

10. Kg1–h1

79

Weiß kann mit seinem starken Bauernzentrum gefährliche Initiative entfalten. Hier einige Beispiele:

10. ..Lg4 11. Le3 Se7 12. h3 Ld7 13. Ld3 d5 14. e5, Lange-Suhle, Bonn 1859, oder **10. ..Se7** 11. Ld3 c5 (falls 11. ..h6, so 12. e5 de 13. de) 12. e5 de 13. fe Se8 14. Lh7:+!, Salschipin-Mikitowitsch, Riga 1900, in beiden Fällen mit entscheidendem weißem Angriff.

C.

(1. e4 e5 2. f4 Lc5 3. Sf3 d6 4. c3)

4. ... f7–f5

Mit diesem von L. Svenonius vorgeschlagenen zweischneidigem Zug sucht Schwarz schon in der Eröffnung die Initiative an sich zu reißen. Weiß muß mit Präzision weiterspielen, sonst kann er auf Schwierigkeiten stoßen. *(Diagramm 80)*

5. f4xe5!

Andere Züge sind für Schwarz wie zugeschnitten.

Schlecht ist z.B. **5. Lc4** fe 6. Se5:, Lewitzki-Salwe, Wilna 1912, Schwarz entscheidet mit 6. ..Dh4+! 7. g3 Dh3 8. d4 ed 9. Sd3: Lg4.

80

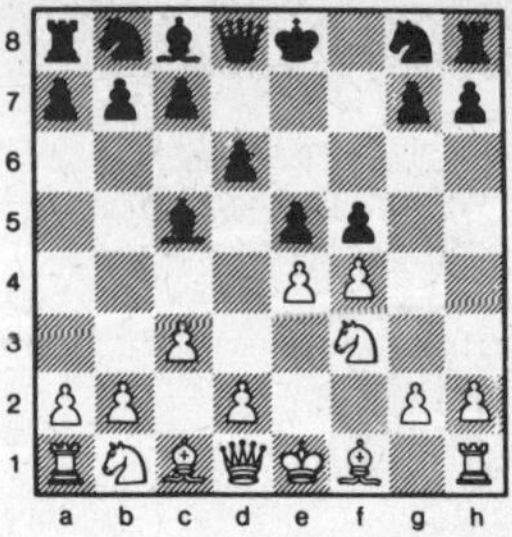

Zwecklos ist **5. d4** ed 6. cd wegen 6. ..Lb4+ (gut ist auch 6. ..fe 7. dc ef 8. Df3: d5) 7. Ld2 Ld2:+ 8. Sbd2 fe mit bequemem schwarzem Spiel, Hindre-Türn, Tallinn 1948.

In der Partie Heyer-Türn aus demselben Turnier wählte Weiß (statt 6. cd) 6. Lc4 fe 7. Sg5, und laut Keres hätte Schwarz nach 7. ..d5! 8. Se4: dc 9. Dh5+ Kf8! 10. Dc5:+ De7 das bessere Endspiel.

Auf **5. ef** empfiehlt die »Enzyklopädie« 5. ..e4; doch mit 6. Da4+! Sc6 7. De4:+ Sge7 8. d4! bewahrt Weiß sein materielles Übergewicht.

Die richtige schwarze Erwiderung lautet 5. ..De7! 6. Lc4 Sf6; »Bilguer« sieht danach diese Entwicklung voraus: 7. Db3 e4 8. Sg5 Lb6 (gut ist auch 8. ..Sc6) 9. a4 a5 10. Lf7:+ Kf8 11. Le6 Sbd7 12. d4 ed 13. Kd1 Sc5, und Schwarz ist im Vorteil.

5. ... d6xe5

Nach 5. ..fe empfiehlt »Bilguer« 6. d4, aber auch 6. Da4+ Sc6 7. De4: de 8. Lb6 ist möglich.

6. d2–d4

In der Partie Flamberg-Rubinstein, Warschau 1912, geschah 6. eh Lf5: 7. d4 ed 8. cd, und nach Tarrasch würde Schwarz nach 8. ..Lb6! ausgezeichnet stehen.

6. ... e5xd4

7. Lf1–c4!

Dieser starke, von Réti entdeckte Zug ermöglicht dem Anziehenden, um Vorteil zu ringen.

81
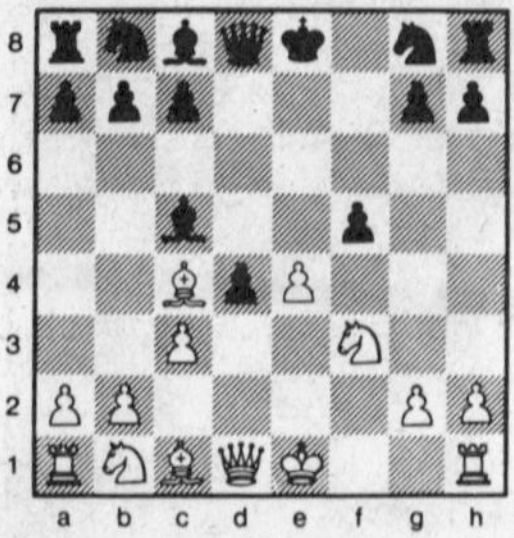

7. ... **Sg8–f6**

Neben dem Textzug ist noch bekannt: **7. ..d3** 8. Lg5! Sf6 9. e5 h6 10. Lh4 g5 11. ef gh 12. Se5 mit weißem Vorteil, Spielmann-Rubinstein, Triberg 1921. **7. ..Sc6** ist wegen 8. b4! Ld6 9. Db3 zweifelhaft. Tatsächlich muß Weiß nach 9. ..Sf6 10. b5 Sa5 (bzw. 10. ..Se7 11. Se5) 11. Lf7+ oder 9. ..Sge7 10. Lf7+ Kf8 11. 0–0 gewinnen (Analyse von Réti). Wählt Schwarz 9. ..Sh6, so bringt 10. Sg5! Dd6 11. Sbd2 (Keres) dem Anziehenden Vorteil.

7. ..fe ist seinerzeit von Svenonius vorgeschlagen worden, und zwar im Zusammenhang mit dem interessanten Turmopfer 8. Sg5 Sf6 (die Variante 8. ..e3 9. Lf7+! Kf8 10. Lg8: Dg5: 11. 0–0+ Lf5 12. cd kommt Weiß zugute) 9. Sf7 De7 10. Sh3:. Aber in Wirklichkeit ist Schwarz hilflos, z.B. 10. ..Sc6 11. Lg5 Se5 12. Lf6: gf 13. Dh5+ Kf8 (falls 13. ..Kd7, so 14. cd) 14. Sg6+! Sg6: 15. Dd5 mit weißer Überlegenheit (Analyse von Keres), oder 10. ..Lg4 11. Db3 Sbd7 12. Db7: Tb8 13. Dc6 d3 14. b4! mit weißem Vorteil (»Enzyklopädie«), oder 10. ..d3 11. Lg5 Lf2+ 12. Kf2: Dc5+ 13. Le3! Dc4: 14. h3 Le6 15. Sd2 Dd5 (falls 15. ..Dc6, so 16. Sb3) 16. g4 Sc6 17. c4 Dd7 18. g5 Lg4 19. Df1! Le2 20. Dg2, und Weiß steht auf Gewinn, Stoltz-Spielmann, Stockholm 1932. Doch zurück zur Hauptfortsetzung **7. ..Sf6.**

82
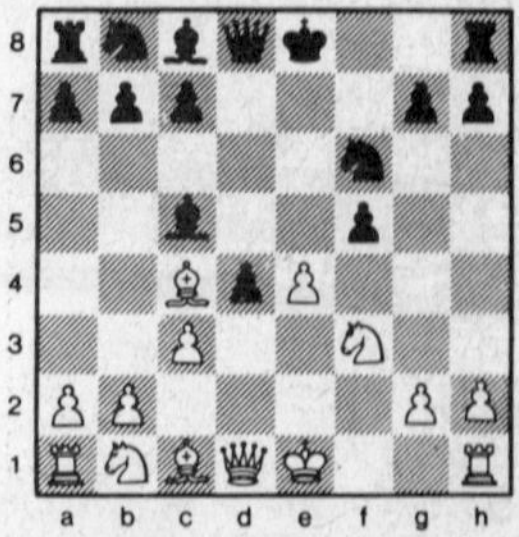

8. e4–e5 **Sf6–e4**
9. c3xd4 **Lc5–b6**

In der Partie Stoltz-Flohr, Bled 1931, erwiderte Schwarz 9. ..Lb4+, und nach 10. Ke2 c6 11. Db3 De7 ging Weiß leer aus. Stark ist hingegen 10. Ld2 Sd2: 11. Sbd2:, und dank dem mobilen Zentrum sowie besserer Entwicklung ist die weiße Stellung vorzuziehen, z.B. 11. ..Sd7 12. Db3! De7 13. 0–0–0 Sb6 14. a3 Ld2:+ 15. Td2: c6 16. d5!, und Weiß ist nach Keres im Vorteil.

10. Sb1–c3 **Sb8–c6**
11. Lc1–e3

83

Die Diagrammstellung ist für Weiß zweifellos günstiger. Möglich ist weiter **11. ..Se7** (falls 11. ..Sc3: 12. bc De7, so 13. Lg5) 12. Db3 c6 13. Lb7++ Kf8 14. Se4: fe 15. 0–0 mit entscheidendem weißem Angriff, Réti-Lohmann, Stockholm 1919, oder **11. ..Sa5** 12. Ld3 (gut ist auch 12. Lb3!? Sb3: 13. Db3:) 12. ..Sc3: (nach 12. ..0–0 bewahrt Weiß seinen Vorteil mit 13. Se4: fe 14. Le4: Sc4 15. Lh7:+ Kg8 16. Lg5! Dd5 17. Lb1) 13. bc 0–0, Réti-Hromadka, Pistyan 1922, und mit 14. c4! würde Weiß seinen Vorteil verankern.

D.

(1. e4 e5 2. f4 Lc5 3. Sf3 d6 4. c3)

4. ... **Sg8–f6!**

Dieser Zug räumt Schwarz Chancen auf Ausgleich ein.

84

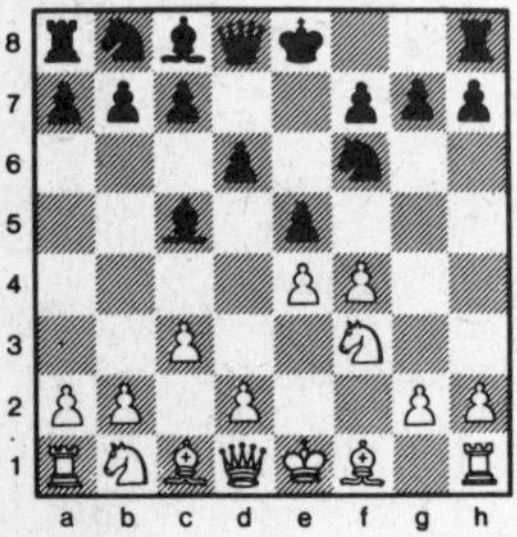

5. f4xe5

Die stärkste Fortsetzung. Bei 5. d4 ed 6. cd erlangt Schwarz die Möglichkeit, Druck auf das Bauernzentrum zu schaffen.

Im Treffen Filzer-Rawinski, Moskau 1965, geschah 6. ..Lb4+ 7. Ld2 Ld2:+ 8. Sbd2: De7 9. Ld3 0–0, und mit 10. De2 Sc6 11. e5! könnte Weiß in Vorteil kommen. Schwarz sollte jedoch nicht 9. ..0–0, sondern 9. ..Sd5! ziehen, was eine etwa gleiche Stellung ergeben würde.

In der Partie Hey-Shaw 1970 begegnete statt 9. Ld3 der interessante Zug 9. Dc2!?. Weiter geschah 9. ..Lf5 10. Ld3 Le4: 11. Le4: d5 12. 0–0–0 Se4: 13. Se4: de 14. The1 f5, und Weiß, hätte er mit 15. g4! g6 16. gf gf 17. d5! fortgesetzt, würde zu gefährlicher Initiative kommen (Analyse von Ja. Estrin).

Als Antwort auf 6. cd ist 6. ..Lb6! 7. Sc3 (falls 7. e5, so 7. ..de 8. fe Sd5 mit guter schwarzer Stellung) 7. ..0–0 beachtenswert, was folgende Stellung ergibt:

85

Die Partie Omari-Ban, Tirana 1960, verlief so: **8. Le3** Sc6 9. Ld3 (auf 9. Dc2 sind 9. ..Se4:! 10. Se4: Lf5 oder 10. De4: Te8 11. Dd3 Db4 mit schwarzer Initiative möglich) 9. ..Lg4 10. Lc2 Te8 11. Dd2 Se4:! 12. Le4: d5, und der schwarze Vorteil war offensichtlich (13. Ld5: Lf3:! 14. gf Sd4:).

Die Fortsetzung **8. e5** de 9. fe Sd5 10. Lg5 kam in der Partie Suttles-Addison, USA 1965, vor. Nach 10. ..f6? 11. Lc4 c6 12. ef gf 13. Lh6 Te8+ 14. Kf2 war Weiß im Vorteil. Doch Schwarz hat die Gelegenheit verpaßt, mit 10. ..Sc3:! 11. bc De8! 12. Ld3 f6 13. Lf4 Lg4 aktives Spiel zu erlangen.

Aber zurück zur Textfortsetzung 5. fe.

5. ... **d6xe5**

(Diagramm 86)

6. Sf3xe5

Verfrüht ist **6. d4** ed 7. cd, weil 7. ..Lb4+ 8. Ld2 De7! 9. e5 Sd5 10. Sc3 Le6 zu gutem schwarzem Spiel führt.

Marshall wählte gegen Vidmar, Karlsbad 1907 (statt 7. cd) 7. e5, aber nach 7. ..Sd5 8. cd Lb4+ 9. Ld2 Sc6 (9.

86

..De7 würde zur vorherigen Variante führen) 10. Sc3 0–0 11. Le2 Le6 12. 0–0 f6 13. Lc4 Kh8 14. Ld5: Ld5: Dd5: 16. Lb4: Sb4: war der schwarze Vorteil klar.

6. . . . Dd8–e7

Wegen 6. . . 0–0 – siehe Partie Nr. 7 Tartakower-Schlechter.

7. d2–d4 Lc5–d6

8. Se5–f3

S. Tartakower empfahl 8. Sc4 Se4: (oder 8. . . De4: 9. De2) 9. Sd6:+ und gab Weiß den Vorzug.

Dieses Urteil ist fehlerhaft. Die Partie Prandstetter-Augustin, Rimavska Sobota 1974, verlief so: 9. . . Sd6:+ 10. De2 Le6 11. Lf4 Sc6 12. Sd2 0–0–0 13. 0–0–0 The8 14. b3 g5!, und Schwarz riß die Initiative an sich.

8. . . . Sf6xe4

9. Lf1–e2 0–0

10. 0–0 c7–c5

Schlechter ist 10. . . Sd7 11. Ld3, mit der unangenehmen Bindung auf der e-Linie drohend.

(Diagramm 87)

Die Partie Charouzek-Janowski, Berlin 1897, ging so weiter: **11. Sbd2** Sd2: 12. Ld2:, und Schwarz übersah die Möglichkeit, mit dem einfachen Tausch 12. . . cd! auszugleichen.

Tartakower hielt **11. d5** für die beste Fortsetzung, und falls 11. . . c4, so 12. Lc4: Lg4 13. Dc2 Lf3: 14. gf! Sg5 15. Dg2 mit weißem Vorteil. Die »Enzyklopädie« empfiehlt statt dessen 11. . . Lf5, doch darauf ist 12. Sbd2!, drohend 13. Sc4, gut.

87

Die richtige schwarze Antwort auf 11. d5 wählte Grünberg gegen Emami, Hamburg 1975: nach 11. . . Lg4! 12. Dc2 Sd7 hatte Schwarz gleiches Spiel. In der Diagrammstellung ist auch 11. Ld3, drohend 12. Te1, beachtlich.

DRITTER TEIL
Königsgegengambit

(1. e4 e5 2. f4)

2. . . . d7–d5

88

Dieser energische Gegenstoß unterscheidet sich prinzipiell von den bereits untersuchten Wegen, das Königsgambit abzulehnen. Schwarz ist bereit, einen Bauern zu opfern und zum Gegenangriff anzusetzen.
Der Stoff des vorliegenden Teils ist in 3 Kapitel eingeteilt. Das 1. Kapitel ist dem Falkbeer-Gegengambit (3. ed e4) gewidmet, das 2. Kapitel dem Nimzowitsch-Gegengambit (3. ed c6). Im 3. Kapitel werden verschiedene Verfahren erörtert, mit denen Weiß das dargebotene Opfer ablehnt.

ERSTES KAPITEL

Falkbeer-Gegengambit

(1. e4 e5 2. f4 d5)

3. e4xd5

Selbstverständlich ist 3. fe? Dh4+ fehlerhaft. (Rigo-Cooper, Nizza 1974, 4. g3 De4:+ 5. Kf2 Lc5+ Weiß gab auf).

89

3. . . . e5–e4!

Vor Falkbeer war hier **3. . . ef** üblich, wonach Varianten des angenommenen Königsgambits entstehen. Unzulänglich ist **3. . . Dd5:** 4. Sc3 De6 5. fe (oder 5. Sf3 ef+ 6. Kf2!) 5. . . De5:+ 6. Le2 Lg4 7. d4. In der Partie Tolusch-Alatorzew, Moskau 1947, geschah danach 7. . . De6 8. Dd3 c6 9. Lf4 Sf6 10. 0–0–0 Le2: 11. Se2: Ld6 12. d5! mit eindeutigem weißem Vorteil.
Auch nach **3. . . Lc5** 4. Sc3! steht Weiß besser.
Aus diesen Gründen kam Anfang des vorigen Jahrhunderts 2. . . d5 recht selten vor. Doch zurück zu **3. . . e4!**
(Diagramm 90)
Dieser glänzende Zug gehört dem österreichischen Schachmeister Ernst Karl Falkbeer, der seine Analyse 1850

90

in der »Deutschen Schachzeitung« veröffentlicht hatte. Mit 3. . . e4! beabsichtigt er, die negativen Seiten des Zuges f2–f4 aufzuweisen, die Entwicklung der weißen Figuren zu bremsen und die Initiative an sich zu reißen.

Noch eher trat dieselbe Idee in einer Partie des Zweikampfes McDonnell-Labourdonnais, London 1834, zutage: 1. e4 e5 2. Lc4 Lc5 3. b4 Lb4: 4. f4 (das sogenannte McDonnell-Doppelgambit) 4. . . d5! 5. ed e4!, und nach 6. Se2 Sf6 7. 0–0 0–0 8. Sbc3 c6 9. dc Sc6: 10. Kh1 Lg4 11. De1 e3! stand Schwarz ausgezeichnet.

In der Diagrammstellung werden wir 3 grundsätzliche Fortsetzungen eingehend untersuchen, **A. 4. Lb5+, B. 4. Sc3** und **C. 4. d3.**

Die Fortsetzungen **4. Lc4** Sf6 und **4. De2** Sf6 münden letzten Endes in Abarten der entsprechenden Hauptvarianten.

Bei dem geradlinigen Versuch, mit **4. c4** den Bauern zu decken, geschieht 4. . . c6 5. d4 Sf6, und in der Partie Tartakower-Réti, Wien 1922, hatte Schwarz nach 6. Sc3 cd 7. Db3 Le7 8. cd 0–0 9. Sge2 Sbd7 10. Sg3 Sb6 gutes Spiel.

Im Treffen Tarassewitsch-Sudnizyn, Moskau 1971, wollte Weiß unbedingt den Bauern halten und zog daher nicht 6. Sc3, sondern 6. dc?, aber nach 6. . . Sc6: 7. d5 Lc5! (der Sc6 ist unantastbar, weil sonst 8. dc Lf2+ 9. Ke2 Lg4+ geschieht) 8. Da4 Sg4! 9. Sh3 Ld7 10. Dc2 Sd4 11. De4:+ Kf8 stand Schwarz auf Gewinn.

Auf **4. d4** ist 4. . . Dd5: (aber nicht 4. . . Sf6 5. Lb5+) 5. a3 Sf6 6. Sc3 Dd8 7. Lc4 Le7 mit gleichen Aussichten am einfachsten.

A.

(1. e4 e5 2. f4 d5 3. ed e4)

4. Lf1–b5+

In früheren Zeiten war diese Fortsetzung, mit der Weiß den Gambitbauern behalten will, am gebräuchlichsten. Zahlreiche praktische Beispiele beweisen jedoch, daß Schwarz dabei ausreichende Kompensation für den Minusbauern erlangt.

4. . . .   c7–c6

In alten Eröffnungshandbüchern wird auf 4. . . Ld7 die Antwort 5. De2 empfohlen. Schwarz kann aber danach mit 5. . . Sf6 6. Sc3 Lb4! 7. Se4: 0–0 gefährlichen Angriff erlangen.

Statt 5. De2 empfiehlt die »Enzyklopädie« 5. Ld7:+! Sd7: (oder 5. . . Dd7: 6. Sc3 Sf6 7. De2) 6. De2 Sgf6 7. d3 mit etwas besseren weißen Aussichten.

5. d5xc6

91

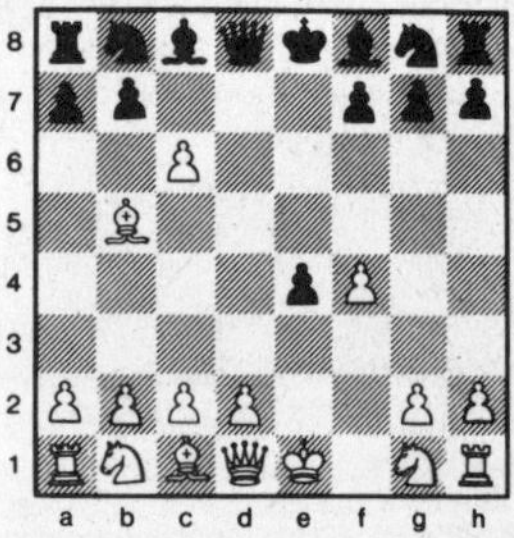

In der Diagrammstellung kommen 2 Erwiderungen in Betracht, nämlich **I. 5. . . Sc6:** und **II. 5. . . bc.**

I.

5. . . . **Sb8xc6**

Jetzt müssen 2 grundsätzliche Fortsetzungen, **1) 6. d4** und **2) 6. d3,** untersucht werden.

Schwach ist **6. Lc6:+?** bc 7. d4 wegen 7. . . ed! 8. Dd3: Dd3: 9. cd La6, und obwohl Schwarz einen Bauern weniger hat, sind seine Aussichten, nach Tartakower, zweifellos besser.

Auf **6. Sc3** Sf6 ist 7. De2 nicht zweckmäßig. Die klassische Partie Rosanes-Anderssen, Breslau 1862, verlief so: 7. . . Lc5 (gut ist auch 7. . . Le7!, und nach 8. Se4: Se4: 9. De4: 0–0 ist Schwarz für 2 Bauern ausreichend entschädigt) 8. Se4: 0–0 9. Lc6: bc 10. d3 Te8 11. Ld2 Se4: 12. de Lf5 13. e5 Db6, und der schwarze Angriff war entscheidend.

Wählt Weiß (statt 7. De2) 7. Sge2, so ist 7. . . Lc5! am besten. Laut v. Claparède ergibt 8. Sg3 Dd4 oder 8. d4 ed 9. Dd3: 0–0 schwarzen Vorteil. Nicht besser ist 8. Sa4. Im Treffen Kettisch-Unzicker, München 1945, folgte darauf 8. . . Lb6 9. Lc6:+ bc 10. Sb6: Db6: 11. d4 ed 12. Dd3: La6 (gut ist auch 12. . . 0–0) 13. De3+ De3: 14. Le3: 0–0 15. Sc1 Tfe8 16. Kd2 Se4+, und Schwarz stand auf Gewinn.

Unverzüglich 6. De2 räumt dem Nachziehenden ebenfalls gute Möglichkeiten ein. In der Partie Tschigorin-Schiffers, Wien 1898, war Schwarz nach 6. . . Sf6 7. d3 Da5+! 8. Sc3 Lb4 9. Ld2 0–0 10. Lc6: bc 11. Se4: Se4: 12. de La6 klar im Vorteil.

Bekannt ist **6. Se2.** Die »Enzyklopädie« empfiehlt 6. . . Lc5 7. d4 ed 8. Dd3: Db6 9. Sc3 a6, aber Weiß kann dann mit 10. Sd5! Dd8 11. Le3 in Vorteil kommen. Daher ist für Schwarz 6. . . Sf6 am besten, so daß das Spiel nach 7. Sbc3 Lc5 in die bereits erwähnte Variante 6. Sc3 übergeht. Auf 7. d4 (statt 7. Sbc3) empfiehlt die »Enzyklopädie« 7. . . ed 8. Dd3: Ld6 9. 0–0 0–0 10. Lc6: bc 11. Sbc3 Te8 mit etwa gleicher Stellung. Zieht Schwarz aber 11. . . Lc5+ (statt 11. . . Te8) 12. Kh1 Dd3: 13. cd La6, so ist sein Vorteil offensichtlich.

1.)

6. d2–d4

92

6. . . . **Dd8–a5+**

Auf 6. . . Sf6 empfahl Tschigorin 7. c3. Weniger zweckmäßig ist 7. Le3 Sd5 8. Dd2 Ld6 9. c4 Se3: 10. De3: 0–0 mit zweischneidigem Spiel, Erkel-Postizi, Budapest 1859.

7. Sb1–c3 **Lf8–b4**

8. Lc1–d2

Setzt Weiß mit 8. Lc6:+ bc 9. Se2 fort, so stößt er nach 9. . . La6! auf Schwierigkeiten, z.B. 10. 0–0 Lc3: 11. bc Sf6 12. Ld2 0–0 13. Te1 Tfe8 14. Sg3 Lc4 mit aktivem schwarzem Spiel.

8. . . . **Sg8–f6**

9. Lb5xc6+

Puren Zeitverlust bedeutet 9. a3. Die Partie Tschigorin–Snosko-Borowski, Kiew 1903, verlief so: 9. . . Lc3: 10. Lc6:+ bc 11. Lc3: Dc7 12. Se2 La6 (auf diese Ungenauigkeiten konnte Weiß 13. Lb4! Le2: 14. De2: Df4: 15. g3 mit gutem Spiel erwidern; richtig war für Schwarz 12. . . 0–0) 13. Dd2 0–0 14. La5 Dd7 15. 0–0–0 e3! 16. De1, und Schwarz übersah die Möglichkeit, mit 16. . . Sg4! 17. Sc3 Tfe8! in Vorteil zu kommen.

Neben 11. ..Dc7 ist 11. ..Dd5 beachtenswert. In der Partie Glaskow-Solowjow, Moskau 1971, war Schwarz nach 12. Dd2 (falls 12. Lb4, so 12. ..Sg4, während bei 12. Se2 Sg4 13. Dc1 La6! schwarze Überlegenheit ergibt) 12. ..0–0 13. 0–0–0 Da2 14. b3 (keinen Ausweg bietet 14. De3 Lf5 15. h3 Sd5) 14. ..Da3:+ 15. Lb2 De7 16. Se2 e3! ebenfalls klar im Vorteil.

9. ... b7xc6

10. Sg1–e2 0–0

Nur so! Nach 10. ..Lg4 11. h3! Lc3: 12. Lc3: Dh5 13. Kf2 Lc8 erlangt Weiß mit 14. Ld2! bessere Aussichten (Analyse von Krause).

11. 0–0 Lc8–g4

12. Dd1–e1!

Jetzt käme 12. h3 zu spät, da Schwarz 12. ..Lc3:! 13. Lc3: Dh5 erwidert, und falls 14. Te1, so 14. ..Lh3:! mit äußerst starkem schwarzem Angriff, z.B. 15. gh Dh3: 16. Tf1 Sg4 17. Tf2 Sf2: 18. Kf2: e3+! 19. Kg1 Dg4+! 20. Kf1 Tad8 21. Sg1 Df4:+, und die schwarze Überlegenheit ist offensichtlich (Analyse von Ja. Estrin).

12. ... e4–e3!

13. Ld2xe3

93

Setzt Schwarz mit 13. ..Le2:! 14. De2: Lc3: 15. bc Dc3: 16. Dd2 Dc4! fort, so ist er für den Minusbauern mehr als ausreichend entschädigt.

2.)

(1. e4 e5 2. f4 d5 3. ed e4 4. Lb5+ c6 5. dc Sc6:)

6. d2–d3

94

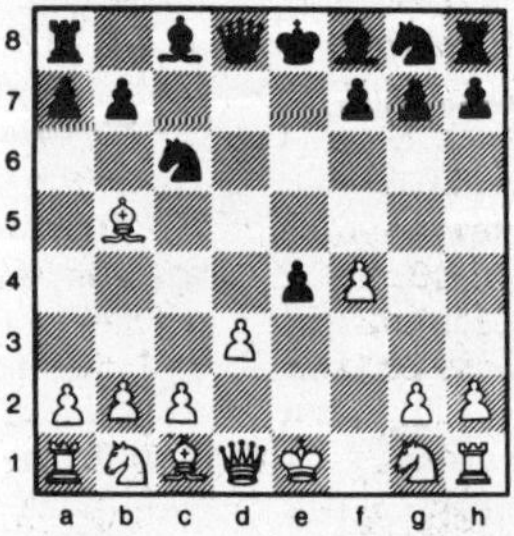

6. ... Sg8–f6

Unzulänglich ist **6. ..Da5+** 7. Sc3 Lb4 8. Ld2 e3? 9. De2 mit weißem Vorteil.

7. Sb1–c3

7. De2 ergibt nach 7. ..Da5+ 8. Sc3 Lb4 9. Ld2 0–0! die bereits untersuchte Stellung aus der Partie Tschigorin-Schiffers (siehe Seite).

7. ... Lf8–b4

Beachtenswert ist das von Keres empfohlene 7. ..Lf5!?:

8. Lc1–d2 Lc8–g4

9. Sg1–e2 0–0

Dieses Abspiel ist zweifellos stärker als 9. ..ed 10. Ld3: Db6 11. h3 Le6 12. a3. Die gleichfalls starke Alternative wurde von A. Utjazki vorgeschlagen: 9. ..e3!? 10. Le3: Sd5, um bei eventuellem 11. Ld2 weiter 11. ..Lc3: 12. bc Dh4+ 13. g3 Dh5 zu spielen; auch nach 11. Dc1 Le2: 12. Ke2: Lc3: ist Schwarz für den Bauern ausreichend entschädigt.

10. d3xe4!

Nur dies ermöglicht dem Anziehenden, das Gleichgewicht zu halten. Andere Fortsetzungen führen zu eindeutigem schwarzem Vorteil, z.B.:

a) **10. 0–0** Sd4!;

b) **10. Lc6:** ed 11. cd bc;

c) **10. Se4:** Le2: 11. De2: Sd4;
d) **10. h3** Le2: 11. Se2: Ld2:+ 12. Dd2: e3! 13. Dc1 (es verliert 13. De3:? Da5+ 14. Sc3 Te8) 13. ..Da5+ 14. Sc3 Sd5 15. Lc6: Sc3: 16. Lb7: Tab8!;
e) **10. a3** ed! 11. Ld3: Lc3: 12. Lc3: Db6! (vorgeschlagen von Glaskow; gut ist auch 12. ..Sd5) 13. Dd2 Le2:!.

10. ... **Lb4xc3**

Keres hat vorgeschlagen, Panows Zug 10. ..Db6 mit 11. Ld3 zu beantworten.

11. Ld2xc3 **Sf6xe4**
12. Dd1xd8 **Ta8xd8**

95

Nach 13. Lc6: bc 14. Lb4 c5 steht Schwarz überlegen. Zum Ausgleich führt hingegen 13. 0–0! Le2: 14. Le2: Sc3: 15. bc Tfe8 16. Lf3, Fuderer-Pirc, München 1954.

II.

(1. e4 e5 2. f4 d5 3. ed e4 4. Lb5+ c6 5. dc)

5. ... **b7xc6**
6. Lb5–c4

Nach 6. La4 ist der weiße Läufer am Rand untätig, und mit 6. ..Lc5 7. Se2 Lg4 8. Sbc3 Sf6 9. d4 ed 10. cd 0–0 reißt Schwarz die Initiative an sich.

6. ... **Sg8–f6**

Die »Enzyklopädie« setzt hier mit 6. ..Lc5 7. Lf7:+ Kf8! mit glänzender schwarzer Stellung fort, jedoch kann Weiß mit 7. Dh5! De7 8. Lf7:+ klar in Vorteil kommen.

7. d2–d4

Von Keres stammt 7. d3 Lc5 8. Se2 Lg4 9. Sbc3 ed 10. Dd3: Db6 11. Ld2 mit etwas besseren weißen Aussichten. Spielt Schwarz aber (statt 8. ..Lg4) 8. ..ed!, so ist nach 9. Dd3: De7 10. Sc3 0–0 sein Vorteil offensichtlich (Analyse von Glaskow).

7. ... **Lf8–d6**

Dieser naheliegende Zug ist der stärkste. Andere Erwiderungen räumen Weiß gute Aussichten ein, z.B.
7. ..ed 8. Dd3: Sbd7 9. Le3, Steiner-Aljechin, Portsmouth 1923;
7. ..Sbd7 8. Se2 Sb6 9. Lb3 La6 10. Sbc3 (nach 10. c3 Ld6 11. h3 0–0 12. 0–0 Sc4 13. Lc2! und 14. b3 hat Schwarz keine ausreichende Kompensation für den Bauern) 10. ..Le7 11. 0–0 0–0, K. Pitschel-Göring, Berlin 1882, und mit 12. h3 hätte Weiß alle unmittelbaren Drohungen beseitigt.

8. Sg1–e2 **0–0**

In der Partie Tschigorin-Pillsbury, Moskau 1902, geschah 8. ..Sbd7 9. Sg3 Sb6 10. Le2! Sbd5 11. 0–0 Dc7 12. Sc3!, und nach 12. ..Sc3:? 13. bc 0–0 14. c4 c5 15. d5 war Weiß im Vorteil. In seinem Kommentar zu dieser Partie äußerte Tschigorin die Meinung, daß Weiß nach 12. ..Sf4: 13. Sce4: Se4: 14. Se4: Se2:+ 15. De2: Lh2:+ 16. Kh1 0–0 17. g3 Lg3: mit 18. Dg2 in Vorteil käme. Diese Behauptung ist falsch, da Weiß nach 18. ..Lh4! keine Kompensation für den Bauern hat.
Großmeister Lilienthal unterzog die Stellung nach dem 17. Zuge von Schwarz einer gründlichen Untersuchung und kam zum Schluß, daß weißen Vorteil nicht 18. Dg2, sondern 18. Tg1! ergibt, was folgende Beispiele bestätigen:
18. ..Lh4 19. Lh6;
18. ..Ld6 19. Sf6+ Kh8 20. Dh5 gf 21. Lh6 Tg8 22. Tg8:+ Kg8: 23. Tg1+ Lg3 24. Dh4!, und Weiß gewinnt;

18. ..Lf4 19. Sf6+ Kg8 20. Tg7:! Lf5 (falls 20. ..Kg7:, so 21. Lf4:, und Schwarz darf den Läufer nicht schlagen wegen 22. Sh5+) 21. Dg4! De7 22. Th7: Lh7: 23. Dh4 Lh6 24. Lh6: Le4+ 25. Kg1 Tg8+ 26. Lg5+, und matt im nächsten Zuge.

9. 0–0

97
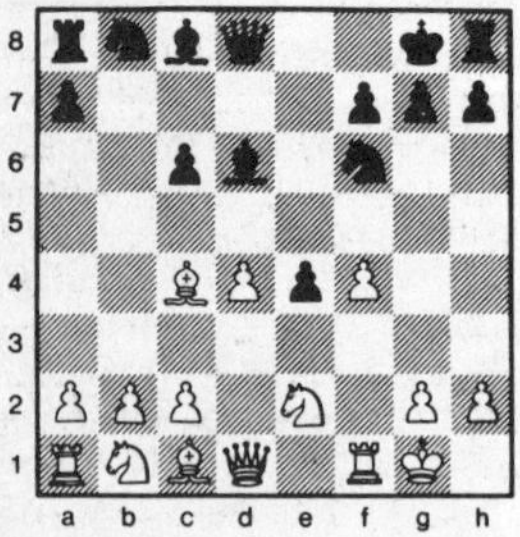

In dieser kritischen Stellung sind folgende Abspiele vorgekommen:
a) **9. ..Lg4** 10. Sbc3 Sbd7 11. h3 Le2:, Horwitz-Kolisch, London 1862, und 12. De2:! würde Weiß bessere Aussichten einbringen;
b) **9. ..e3** 10. Sg3 Sg4 11. Df3 Db6 12. c3 c5 13. h3 cd!? 14. hg dc 15. Le3: cb 16. Lb6: baD, Bobrow u. Gontscharow – Kelminer u. Tschigorin, Moskau 1903, und Weiß übersah die Möglichkeit, mit 17. Lf2! klar in Vorteil zu kommen;
c) **9. ..Sbd7** 10. Sec3! Sb6 11. Le2, und Weiß steht überlegen;
d) **9. ..Dc7** 10. h3 Sbd7 11. Lb3 c5 12. c4 cd 13. Sd4: La6 14. De2 Lc5 15. Td1 Db6 16. Df2, und Weiß ist im Vorteil, Lunjakow-Jelinewski, Moskau 1964;
e) **9. ..c5!** (zweifellos das stärkste) 10. d5 Sbd7 11. Lb3 c4! 12. Lc4: Lc5+ 13. Kh1 Sb6 14. Lb3 Sg4 15. De1 Sd5: 16. h3 Sde3! mit schwarzem Vorteil, Tschigorin-Pillsbury, Wien 1898. Hätte Weiß aber nicht 11. Lb3, sondern 11. Sec3! Sb6 12. Le2 gespielt, so wären die Chancen gleich.

B.
(1. e4 e5 2. f4 d5 3. ed e4)

4. Sb1–c3 Sg8–f6

In alten Zeiten kam nicht selten 4. ..f5 vor, jedoch widerspricht dieser Zug dem Geiste der Stellung. Möglich ist danach 5. Lc4 Sf6 6. d3 Lb4 7. Ld2 0–0 8. de, und nach 8. ..Lc3: 9. Lc3: Se4: 10. Dd4 Sc3: 11. Dc3: Te8+ 12. Kd2 c6 13. Td1 ist Weiß im Vorteil, Holdheim-Düsterloh, Berlin 1862.

98
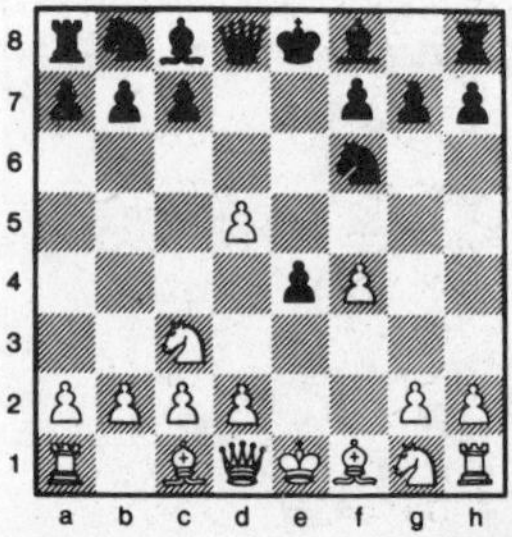

In diesem Abschnitt werden die weißen Möglichkeiten **I. 5. Lc4** und **II. 5. De2** eingehend untersucht.
Abzuraten ist von **5. d4** Ld6 (möglich ist auch 5. ..Lb4 6. Ld2 e3!) 6. Lc4, wonach Schwarz mit 6. ..0–0 7. Sge2 c6 8. dc Sc6: 9. Le3 Sa5 10. Lb3 Sg4 zu gutem Spiel kommen kann, Kordowil-Ujtumen, Havanna 1966.
Der Zug 5. d3 führt zur Variante C, die unten behandelt wird.

I.

5. Lf1–c4 Lf8–c5

Diese Erwiderung ist am gebräuchlichsten. Positionell ist auch 5. ..c6!? durchaus berechtigt. Die Partie Heiermann-Blackburne, London 1883, verlief danach so: 6. dc Sc6: 7. Sge2 Lc5 8. Sg3 Dd4 9. De2 Lg4 10. Df1 Sb4,

und Schwarz war hier eindeutig im Vorteil.
In der Fernpartie Merphy-Palciauskas 1976/77 zog Weiß 6. De2, aber nach 6. ..Lf5 7. d3 Lb4 8. Ld2 0–0 wurde die schwarze Initiative gefährlich, und nach weiterem 9. Se4: Ld2:+ 10. Dd2: Le4: 11. dc Se4: 12. De3 cd 13. 0–0–0 Db6! 14. Db6: ab 15. Ld5: Sf2 hatte Weiß die Qualität weniger.
Keres empfahl Weiß, auf 5. ..c6 mit 6. d4 cd 7. Lb3 Lb4 8. Se2 zu antworten, aber auch dann sind die schwarzen Aussichten gut.
Neben 5. ..c6 ist 5. ..Lb4 beachtenswert. Nach 6. Sge2 0–0 7. 0–0 Te8 8. De1 Sbd7 9. Dg3 Sb6 10. d3 ed 11. Ld3: Sbd5: 12. Sbd5: Dd5: hat Schwarz bei besserer Stellung den Gambitbauern zurückgewonnen, Isaacson-Lasker, New-York 1892.

6. d2–d4

Nur Zugumstellung bedeutet 6. Sge2 0–0 7. d4 ed 8. Dd3:.

6. ... e4xd3
7. Dd1xd3 0–0
8. Sg1–e2

Auch auf 8. h3 ist 8. ..c6 möglich, was nach 9. Sge2 Dc7 Zugumstellung ergibt.

99

8. ... c7–c6

Bekannt sind auch diese Abspiele:
a) **8. ..Lg4** 9. Ld2 Sbd7 10. 0–0–0 Lb2 11. Le1 Sc5 12. Dd2 Sfe4 13. Se4: Se4: 14. Dd3 Te8 15. h3 Sc5, und mit dem unerwarteten Damenopfer 16. Dh7:+! riß Weiß die Initiative an sich, Schallopp-von Bardeleben, Berlin 1884.
b) **8. ..Te8** 9. h3 Sh5? (richtig 9. ..c6!) 10. Df3 Dh4+ 11. Kd1, und Weiß hat gute Aussichten, sein materielles Übergewicht bei guter Stellung zu bewahren. Die klassische Partie Tschigorin-Marshall, Karlsbad 1907, verlief so: 11. ..g6 12. Ld2 Sd7 13. g4 Sg7 14. Se4, und die weiße Überlegenheit ist beträchtlich geworden. Im Treffen Nicolau-Teodorescu, Lodz 1963, wählte Schwarz 11. ..Sf6 (statt 11. ..g6), aber 12. g3 Dh5 13. Dh5: Sh5: 14. g4 Sf6 15. Ld2 Se4 16. Se4: Te4: 17. Ld3 ergab abermals weißen Vorteil;
c) **8. ..Sg4** 9. Sd1 Te8 10. h3 Sh6! 11. Se3 c6 12. Sg4 Sf5 13. Se5 Sd6 14. dc Sc6: 15. Sf7: Sf7: 16. Lh7:+ Kf7: 17. Dc4+ Kg6! 18. Dc5: Sd4, und Schwarz ist im Vorteil, E. Andersen-Jakobstadt, Stockholm 1934. Spasski versuchte gegen Tumurbator, Leningrad 1960, 8. ..Sg4 mit 9. Df3 zu beantworten, aber nach 9. ..Te8 10. h3 Se3 11. Le3: Te3: 12. Df1 Dh4+ 13. Kd2 Te8 14. Kc1 Sd7 hatte Schwarz ausreichende Kompensation für den Bauern.

9. h2–h3

Auf 9. dc geschieht 9. ..Db6 mit zahlreichen Drohungen. In der Fernpartie Merphy-Suhobek 1976/77 geschah 9. Le3 Le3: 10. De3: b5 11. Ld3 b4 12. Se4 Sd5: 13. Dc5, und mit 13. ..Db6! würde Schwarz zu glänzendem Spiel kommen.

9. ... Dd8–e7

Weniger zweckmäßig ist der unverzügliche Tausch 9. ..cd 10. Sd5: Sd5: 11. Ld5: Db6 wegen 12. Db3! Dc7 13. Ld2 De7 14. Lf3, Gorenstein-Abramson, Meisterschaft der Urkraine 1954.

10. Lc1–d2 b7–b5
11. Lc4–b3 Lc8–a6

100

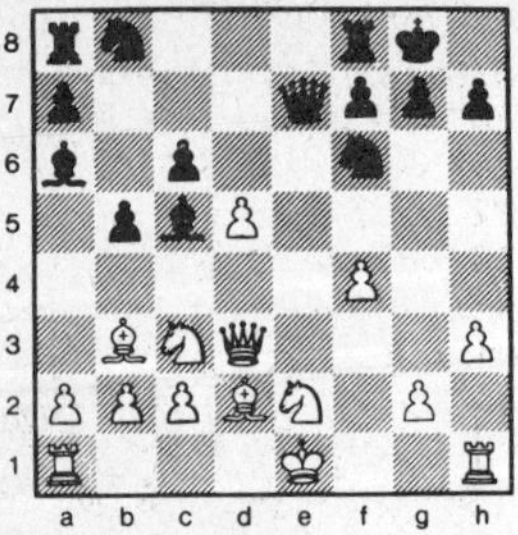

Der schwarze Vorteil liegt auf der Hand. In der Partie Gorenstein-Miroschnitschenko, Meisterschaft der Ukraine 1954, geschah weiter 12. 0–0–0 b4 13. Df3 bc 14. Sc3: Lb7, und Weiß verlor letzten Endes.

II.

(1. e4 e5 2. f4 d5 3. ed e4 4. Sc3 Sf6)

5. Dd1–e2

101

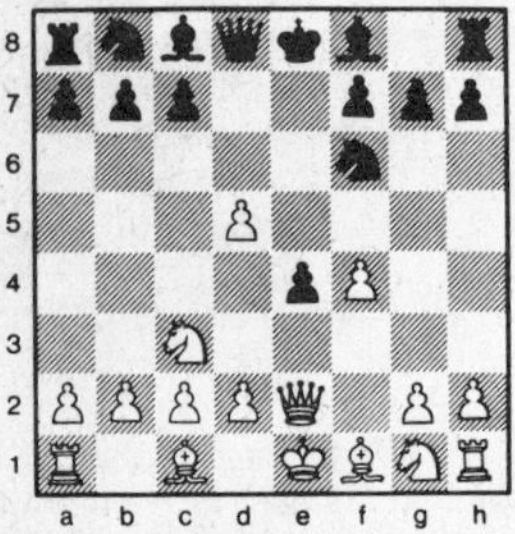

Weiß droht jetzt, den Be4 zu schlagen, aber seine Dame bremst die Entwicklung der eigenen Figuren, was dem Nachziehenden ermöglicht, sich der Initiative zu bemächtigen.

In der Diagrammstellung sind die schwarzen Erwiderungen **1.) 5. ..Lf5** und 2.) **5. ..Le7!** nähere Betrachtung wert.

Nach **5. ..Ld6** (auf 5. ..Lc5 ist 6. d3 gut) darf Weiß sich vom Gewinn eines 2. Bauern mit 6. Se4: nicht verlocken lassen, da er nach 6...0–0 7. Sf6:+ Df6: 8. Df3 Lf5 9. d3 Lb4+ 10. Kd1 Sd7 auf ernste Schwierigkeiten stößt, v. Bardeleben-Gunsberg, Hastings 1895. Richtig ist hingegen 6. d3! (statt 6. Se4:) 6. ..0–0 7. de Se4: (auf 7...Te8 würde 8. e5! geschehen) 8. Se4: Te8 9. Df3!. Die Partie Steinitz-McDonnell, London 1872, verlief so: 9. ..Lf5 (falls 9. ..Sd7 10. Le3 f5, so 11. Sd6:, während bei 9. ..f5 Weiß mit 10. Le3 fe 11. Df2 in Vorteil kommt) 10. Ld3 Le4: 11. Le4: f5 12. Se2 Te4: 13. 0–0 Df6 14. Sc3 Te7 15. Le3 mit weißem Mehrbauer und besserer Stellung.

Auf **5. ..Lg4** ist 6. Db5+ Sbd7 7. h3? fehlerhaft wegen 7. ..a6! 8. Da4 b5 9. Da5 Sd5:!, Svec-Schwarzbach, Wien 1961. Angesichts der Mattgefahr gab Weiß in dieser Partie mit 10. Lb5: den Läufer her, da er sonst die Dame verliert. Merkwürdigerweise hatte die Partie Subowa-Konstantinowa, Kaluga 1968, denselben Verlauf.

Weiß kann aber nach 7. ..a6 auch stärker spielen: 8. Dc4 b5 9. Dc6 Lf5 10. g4 Lc5 11. gf mit gefährlichem Angriff für die Figur, Obuchowski-S. Kusnezow, Moskau 1980.

Die Theorie setzt mit 6. De3! (statt 6. Db5+) 6. ..Lf5 7. Lb5+! (falls 7. d3, so 7. ..Sd5:) 7. ..c6 8. dc Sc6: 9. d3 fort und gibt Weiß den Vorzug. Diesem Urteil stimmen wir nicht zu. Wählt der Nachziehende 9. ..Lb4 mit weiterer Rochade, so hat er für den Bauern ausreichende Initiative.

1.)

5. ... Lc8–f5

6. h2–h3

Auf 6. Se4: Se4: 7. d3 folgt 7. ..Dh4+! 8. Kd1 (aber nicht 8. g3?, da Weiß nach 8. ..De7 9. de Le4: eine Figur verliert) 8. ..De7 9. de Le4:, und Weiß steht ein harter Kampf bevor. Falls 6. d3, so 6. ..Lb4, und sowohl nach 7. Ld2 0–0! als auch nach 7. de Lc3:+ 8. bc Se4: steht Schwarz ausgezeichnet.

102
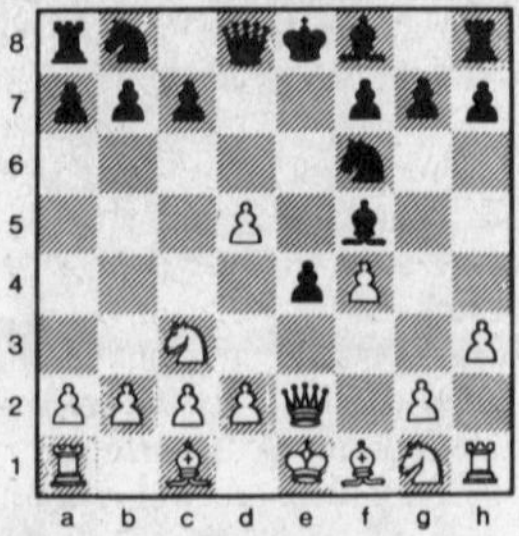

6. . . . **h7–h5**

Fehlerhaft ist 6. . . Sd5:? 7. Sd5: Dd5: 8. g4! oder einfach 7. g4.

7. b2–b3

Auf 7. g3 ist es für Schwarz am besten (nach Euwe mit 7. . . c6 8. d3 Lb4! (laut Keres führt 8. . . cd 9. de de 10. Ld2 Sc6 11. 0–0–0 zu verwickeltem und unklarem Spiel) 9. Ld2 0–0 fortzusetzen, und falls 10. de, so 10. . . Lc3: 11. Lc3: Se4: mit schwarzem Vorteil.

Neben 7. . . c6 ist 7. . . Lc5 beachtenswert. In der Fernpartie Popow-Musytschenko 1964 geschah danach 8. b4 Lb6! 9. Lb2 Sbd7 (fehlerhaft ist 9. . . 0–0 10. Lg2 Sd5:? wegen 11. Sd5: Dd5: 12. g4! hg 13. hg mit entscheidendem weißem Vorteil, Bager-Wassiljew, Leningrad 1957) 10. 0–0–0 De7 11. a3 0–0–0 12. Sf3 The8 13. Te1 Df8 14. Sg5 Ld4 mit schwarzer Überlegenheit.

7. . . . **c7–c6**

Nach 7. . . h4 8. Lb2 Sh5 9. Se4: Le7 10. g4! hg 11. Df3 Dd5: 12. Lg2 Sc6 13. Se2 entsteht eine verwickelte Stellung mit beiderseitigen Aussichten.

8. Sg1–f3

Dank dieses Zugs gewinnt Schwarz den Bauern zurück. Es wäre interessant, die Fortsetzung 8. dc Sc6: 9. Db5 Dd7 10. Lb2 0–0–0 11. 0–0–0 praktisch zu prüfen.

8. . . .	**c6xd5**
9. Sf3–d4	**Lf5–d7**
10. Lc1–b2	**Sb8–c6**
11. De2–e3	**Ta8–c8**
12. 0–0–0	**Lf8–c5**
13. Sc3–a4	**Sc6xd4**
14. Lb2xd4	

Fehlerhaft ist 14. Sc5: wegen 14. . . Sf5.

103

Nicht gut ist in der Diagrammstellung **14. . . Ld4:?** 15. Lc5: Dc7 16. d4 b6 17. La6 bc 18. Lc8: Lb5 19. a4! mit weißem Vorteil. Richtig ist **14. . . Ld4:** 15. Dd4: Dc7 16. De5+ (»Enzyklopädie«), und nach 16. . . De5: 17. fe Sg8 18. Sc3 Lc6 19. Db5 sind die Aussichten annähernd gleich.

2.)

(1. e4 e5 2. f4 d5 3. ed e4 4. Sc3 Sf6 5. De2)

5. . . . **Lf8–e7!**

104

6. Sc3xe4

Nach 6. d3 hält Wasjukow 6. ..Lg4! 7. De3 ed 8. Dd3: Sa6 mit beträchtlichem schwarzem Entwicklungsvorsprung für die beste Erwiderung. Es ist nicht abzustreiten, daß der Textzug mit einem gewissen Risiko verbunden ist. Daher schlägt W. Sack 6. b3!? vor, so daß nach 6. ..Sd5: 7. Sd5: Dd5: 8. Lb2 0–0 9. De3 Sd7 10. Lc4 Da5 11. Se2 Sf6! 13. Sc3 Lf5 eine Stellung mit etwa gleichen Aussichten entsteht.

6. ... 0–0

Mit diesem Zug bietet Schwarz ein zweites Bauernopfer an. Gut ist auch 6. ..Sd5: 7. d3 0–0 8. Ld2 f5 9. Sc3 Lh4+ 10. Kd1 Te8 11. Df3 Le6 12. Sge2 c5, wonach Schwarz für den Bauern ausreichend entschädigt, Suttles-Lengyel, Belgrad 1969.

7. Se4xf6+ Le7xf6
8. De2–f3 Tf8–e8+
9. Ke1–d1

Auf 9. Le2 (Rossetto) erlangt Schwarz mit 9. ..c6! 10. Sh3 De7 gefährliche Initiative.

Auch auf 9. Kf2 ist dieselbe Antwort 9. ..c6 möglich.

9. ... c7–c6
10. Lf1–c4

105

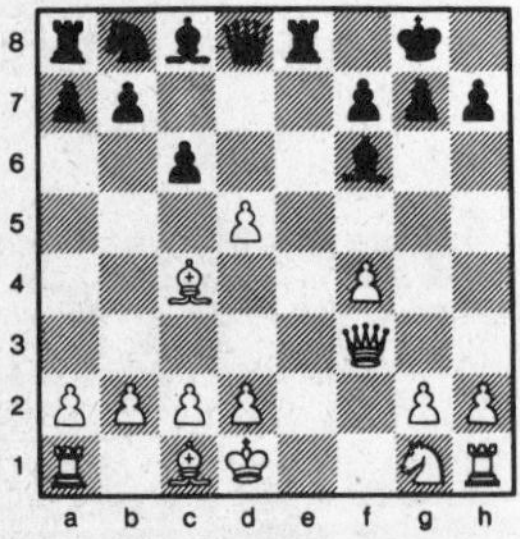

Die Partie Tschigorin-von Stamm, Kiew 1903, verlief so: **10. ..Lf5** 11. d3 Dc8 12. h3 cd 13. Ld5: Sc6 14. Lc6: bc 15. Se2 Tb8 16. Sc3 Tb7 17. Te1, und Weiß gelang es, die Stellung allmählich zu vereinfachen.

Bedeutend energischer ist 10. ..b5! 11. Lb3 Lb7 12. Sge2 a5, Planinc-Wasjukow, Wijk aan Zee 1973, siehe Partie Nr. 8.

C.

(1. e4 e5 2. f4 d5 3. ed e4)

4. d2–d3

Dieser Zug ist am aussichtsreichsten. Erstmalig kam er in der Partie Steinitz-Gruber, London 1872, vor.

106

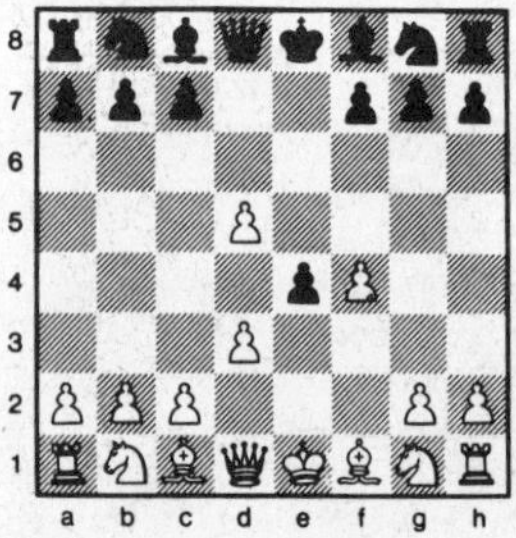

In Betracht müssen folgende 3 Erwiderungen gezogen werden: **I. 4. ..ed, II. 4. ..Dd5:** und **III. 4. ..Sf6.**

I.

4. ... e4xd3

Dies kommt nur Weiß zugute.

5. Dd1xd3

Recht unangenehm für Schwarz ist auch 5. Ld3:, was folgende Stellung ergibt:

(Diagramm 107)

Aus praktischen Angaben geht hervor, daß Schwarz außerstande ist auszugleichen, z.B.:

a) **5. ..Dd5:** 6. Sc3 De6+ (aber nicht 6. ..Dg2:?? wegen 7. Le4; auch 6. ..Lb4 führt nach 7. Ld2 Lc3: 8. De2+! zu weißem Vorteil) 7. Sge2 Sf6 (auf 7. ..Sh6 geschieht 8. f5! Sf5: 9. 0–0 Se3 10. Le3: De3:+ 11. Kh1 Ld6 12. Sf4! 0–0

107

13. Dh5 g6 14. Sg6:!, und Weiß gewinnt) 8. 0–0 Db6+ 9. Kh1 Le7 10. De1, und Schwarz stößt auf ernste Schwierigkeiten, Keres-Vidmar, Fernpartie 1936.

b) **5. ..Sf6** Sc3 Le7 (schlecht ist 6. ..Sd5:? 7. Lb5+; Keres empfahl 6. ..c6, aber darauf ist 7. De2+ Le7 8. dc Sc6: 9. Le3! und 10. 0–0–0 recht stark) 7. Sf3 0–0 8. 0–0 Sbd7 9. Lc4 Sb6 10. Lb3 Lb4 11. Le5 Lc3: 12. bc Sbd5: 13. La3 Te8 14. Dd4 c6 15. f5, und der weiße Vorteil ist offensichtlich, Keres-Lilienthal, Moskau 1941.

c) **5. ..Lc5** 6. De2+ De7 7. Sc3 Sf6 8. Ld2 Lg4 9. De7:+ Ke7: 10. h3 Ld7 11. 0–0–0, und Weiß behauptet den Mehrbauern.

Doch zurück zur Textfortsetzung.

5. . . . **Sg8–f6**

108

6. Sb1–c3

Von Interesse ist auch 6. c4!?. Die Partie Aljechin-Rabinowitsch, Moskau 1918, verlief so: 6. ..Sa6 7. Le3 Sb4 8. Db3 Lf5 9. Sa3 a5 10. Le2 Ld6 11. Sf3 De7 12. Sd4, und Weiß war im Vorteil.

6. . . . **Lf8–e7**

Im Treffen Stoltz-Marshall, Folkestone 1933, versuchte Schwarz 6. ..Lc5, aber nach 7. Ld2 0–0 8. 0–0–0 Sbd7 9. g3! Sb6 10. Lg2 Lg4 11. Sf3 Sbd5: 12. h3! Sc3: 13. Dc3: Lf3: 14. Lf3: Dd6 15. Db3 war Weiß im Vorteil.

7. Sg1–f3

Keres schlug 7. Le3 mit 8. 0–0–0 vor. In der Partie Illi-Fradionson, Erebro 1966, zog Weiß 7. Ld2 0–0 8. 0–0–0. Weiter geschah 8. ..g6? 9. h3 c6 10. g4 Sd5: 11. Sd5: Dd5: 12. Dd5: cd 13. Lc3, und Weiß war klar im Vorteil. Der Fehler des Nachziehenden bestand im Zuge 8. ..g6. Richtig war 8. ..Sa6! 9. a3 Sc5 mit gleichem Spiel.

7. . . . **0–0**

109

In dieser kritischen Stellung ist **8. Ld2** nicht am stärksten. Möglich ist danach 8. ..Sa6 9. a3 (oder 9. 0–0–0 Sg4) 9. ..Sc5 10. Dd4 Lf5 11. 0–0–0 Scd7! 12. h3 Lc5 13. Dc4 c6 14. dc bc, und die schwarze Initiative macht den Minusbauern wett, Frjasinow-Wexler, Liepaja 1969. Besser ist **8. Le3!** und weiter 9. 0–0–0, wonach Schwarz keine Kompensation für den Minusbauern hat.

II.
(1. e4 e5 2. f4 d5 3. ed e4 4. d3)

4. . . . Dd8xd5

110

Dieses einfache Nehmen genoß früher keine Popularität, aber jüngste Untersuchungen ergaben, daß es anderen Erwiderungen zumindest nicht nachsteht.

5. Dd1–e2

Die alte Fortsetzung 5. Sc3 bringt Weiß lediglich Ausgleich, z.B. 5. . . Lb4 6. Ld2 Lc3: 7. Lc3: Se7! 8. Dd2 (falls 8. Lg7:, so 8. . . Tg8 9. Le5 Sbc6! oder 9. Lc3 Lg4 mit schwarzer Überlegenheit) 8. . . 0–0 9. de De4:= 10. Se2 Sbc6 11. 0–0–0 Sg6 12. Dd5 Da4 13. Db3 Db3: 14. ab, und die Partie Spielmann-Schlechter, Baden 1914, endete remis.

5. . . . Sg8–f6

Seinerzeit hatte Krause hier 5. . . f5 6. Sc3 Lb4 7. Ld2 Lc3: 8. Lc3: Sf6 9. Lf6: gf 10. Dh5+ Df7 mit etwa gleichem Spiel vorgeschlagen. Réti war für das Manöver 9. 0–0–0 (statt 9. Lf6:?) Da2 10. de, aber nach 10. . . Da1+ 11. Kd2 Da4! erreicht Weiß abermals nichts.
Stärker ist nach Keres 9. de! De4: (falls 9. . . fe, so 10. Dc4, und auf 9. . . Se4: geschieht 10. Lg7:) 10. De4:+ fe 11. Lc4 mit weißem Vorteil.
Nach dem Textzug hat Weiß die Wahl zwischen **1) 6. Sc3** und **2) 6. Sd2.**

1.)

6. Sb1–c3 Lf8–b4
7. Lc1–d2 Lb4xc3
8. Ld2xc3

111
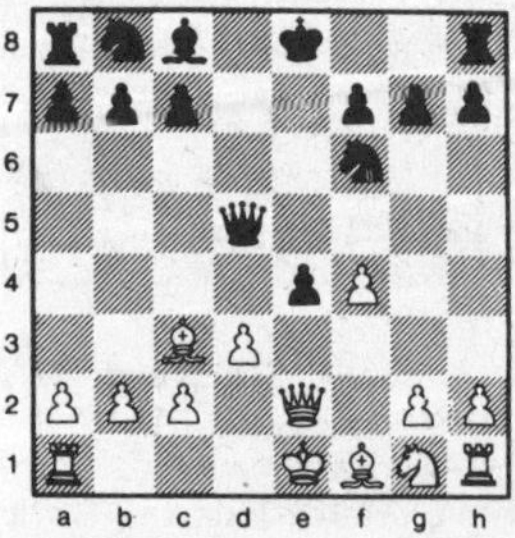

8. . . . Lc8–g4

Das sich aus dieser Erwiderung ergebende Abspiel hatte Alapin 1889 untersucht. Andere Antworten sind schwächer, z.B.:
a) **8. . . Sbd7.** In der Fernpartie Oudenarden-van Twer 1942 geschah danach 9. 0–0–0 0–0 10. de De4:, und mit 11. Dd2 oder 11. Sh3 würde Weiß eine aussichtsreiche Stellung erlangen. Statt 9. . . 0–0 empfiehlt die »Enzyklopädie« 9. . . Da2:! 10. de Da1+ 11. Kd2 Da4 und bezeichnet die Stellung als günstig für Schwarz. Weiß ist jedoch imstande, mit 12. Lf6: Sf6: 13. Db5+ Db5: 14. Lb5:+ c6 15. Ld3 auszugleichen.
Mehr verspricht 9. de!, und falls 9. . . Se4: 10. Lg7: Tg8 11. Td1 De6 (»Enzyklopädie«), so 12. Le5!, wonach sowohl 12. . . Se5: 13. De4: als auch 12. . . f5 13. Dh5+ Weiß bessere Aussichten einräumt.
b) **8. . . 0–0** 9. Lf6: ed 10. De5 (möglich ist auch 10. Dd3:). Die Partie Santasiere-Bakos, New-York 1949, verlief so: 10. . . d2+? 11. Kd1 Sg4+ 12. Se2 Le2:+ 13. Le2: Dg2: 14. Dg5!, und Weiß gewann.
Statt 10. . . d2+? schlägt W. Sack 10.

..Dc6 11. Le7 Dc2: vor. Wir halten dies für fehlerhaft, weil jetzt 12. Ld3:! Dd3: 13. Lf8: Kf8: 14. Td1 geschieht. Wählt aber Schwarz 11. ..Te8! (statt 11. ..Dc2:) 12. Ld3: Dd7 13. 0–0–0 De7:, so ist er imstande, das Gleichgewicht zu halten.

Weiß sollte nach 10. ..Dc6 mit 11. Dg5! Te8+ 12. Kf2 Df6: 13. Df6: fortsetzen und eine geringe Überlegenheit bewahren (Glaskow).

9. d3xe4

Zum Ausgleich führt nach Tschigorin die Variante 9. De3 Sbd7 10. Le2 Lf5 11. de Le4: 12. Sf3 Sg4 13. Dd4. In der Fernpartie Tschigorin-Tschisch 1898 geschah 10. de (statt 10. Le2) 10. ..De4: 11. De4:+ Se4: 12. Lg7: Tg8 13. Ld4 0–0–0 14. g3 Tge8 15. Le2, wonach Schwarz die Möglichkeit übersah, mit 15. ..Sdf6! 16. 0–0–0 Td4:! 17. Td4: Sf2 zu entscheiden.

9. ... Dd5xe4

Sollte Schwarz 9. ..Le2: wählen, so hatte schon Alapin folgende zwangsmäßige Weiterentwicklung vorausgesehen: 10. ed Lf1: 11. Kf1: Sd5: 12. Lg7: Tg8 13. Te1+ Kd7 14. Td1 Kc6 15. Ld4 Sf4: 16. Sf3 Sd7 17. g3 Se6 18. Le3 und Kg2 sowie Thf1 mit weißem Vorteil.

Mehrere Jahre später hat sich diese Voraussage in den Partien Réti-Spielmann, Göteborg 1920, und Bronstein-Szabó, Moskau 1949, bestätigt.

10. De2xe4+ Sf6xe4
11. Lc3xg7 Th8–g8
12. Lg7–e5 Sb8–c6
13. Lf1–d3

Beachtenswert ist auch 13. Sf3!?.

13. ... Sc6xe5
14. Ld3xe4 Se5–c4
15. Le4xb7

Im Treffen Réti-Tarrasch, Göteborg 1920, geschah 15. b3 0–0–0!, und Schwarz besaß Initiative. Der Textzug wurde von Tartakower in seinem Buch »Hypermoderne Schachpartie« vorgeschlagen.

15. ... Ta8–b8
16. Lb7–c6+

112

Laut Tartakower ist die Diagrammstellung günstig für Weiß, da er nach **16. ..Ld7** 17. Ld7:+ Kd7: 18. 0–0–0+ im Vorteil ist. Schwarz kann jedoch stärker spielen mit **16. ..Ke7!** (statt 16. ..Ld7). Erwidert Weiß 17. b3, so ist nach 17. ..Tb6! die schwarze Stellung vorzuziehen.

2.)

(1. e4 e5 2. f4 d5 3. ed e4 4. d3 Dd5: 5. De2 Sf6)

6. Sb1–d2

113

6. ... Lc8–g4

Über den Textzug fehlen praktische Angaben. Die Theorie setzt lediglich mit 6. ..Lf5 7. de Le4: (aber nicht 7.

...Se4:? 8. g4) 8. g4 Le7 9. Se4:? fort. Erwidert Schwarz 9. ..Se4:, so empfiehlt Keres 10. Lg2 Da5+ 11. Kf1 Sd6 12. Ld2 und 13. Te1 mit weißem Vorteil. Tartakower zieht für Schwarz 9...De4: 10. De4: Se4: und schätzt die Stellung als ausgeglichen ein. Stärker als 10. De4: ist jedoch 10. Lg2! De2:+ 11. Se2: c6 12. g5 Sd7 13. Ld2 mit offensichtlichem weißem Vorteil.

7. Sg1–f3

Die Stellung, die nach diesem erzwungenen Zug entsteht, wird weiter im Abschnitt III I) b) (siehe Seite) besprochen.

7. ... Lg4xf3

Im Treffen Knezević-Sokolov, Meisterschaft von Jugoslawien 1957, geschah 7. ..e3 8. De3:+ Le7, und mit 9. Se4! konnte Weiß seine Stellung befestigen. Noch unlängst galt die Variante 7...Lf5 8. de Se4: (weiße Überlegenheit ergibt 8...Le4: 9. Sg5 Lb4 10. c3) 9. Sg5 als vorteilhaft für Weiß. Doch Euwe hat die interessante Erwiderung 9...Sc6! entdeckt, so daß Schwarz nach 10. Sge4: 0–0–0 11. Dc4 Le4: gleiches Spiel erlangt.

Viel stärker als 9. Sg5 ist 9. g4!. Damit zwingt Weiß den Gegner, eine Figur ohne ausreichende Kompensation herzugeben.

Von Interesse ist 7. ..Sc6, Auerbach-Capablanca, Paris 1913. In dieser Partie hatte Weiß nach 8. de Dc5 9. c3 0–0–0 10. Sb3 Dh5 11. Ld2 bessere Aussichten. In der späteren Partie Gebauer-Sera, Varna 1962, zog Schwarz (statt 8...Dc5) sofort 8...Dh5 und kam nach 9. Db5 0–0–0 10. Dh5: Sh5: 11. Sc4 Sb4 (nicht gut ist 11...Lf3:? 12. gf Sd4 wegen 13. Ld3 Sf3:+ 14. Kf2 mit weißer Überlegenheit) 12. Sa3 Lc5 13. Ld2 The8 14. Se5 Sf6 15. Ld3 Se4:! 16. Le4: f6 in Vorteil. Weiß sollte hier nicht mit 12. Sa3, sondern 12. Ld3! Sd3::+ 13. cd fortsetzen, und falls 13. ..Lf3: 14. gf Td3:, so 15. Se5! Td4 16. Le3 Tb4 17. Sf7: Tg8 18. 0–0–0, nach wie vor mit einem Mehrbauern (Glaskow)

8. g2xf3 e4–e3

114

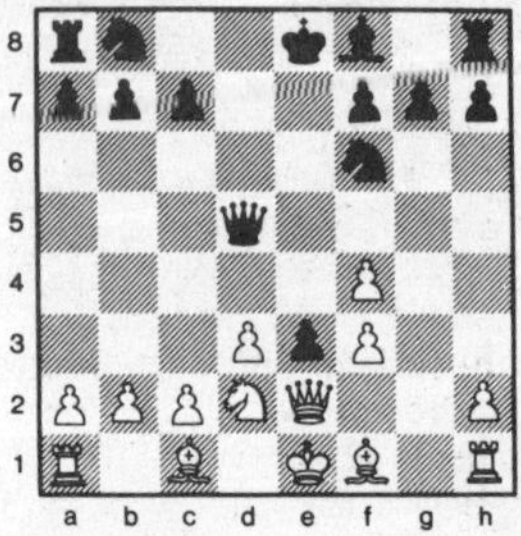

9. Sd2–e4 Lf8–e7

10. Lc1xe3

Bekannt ist auch 10. De3: Sbd7 11. Sc3 Dh5 12. Le2 Sc5 13. Ld2, Bhend-Farre, München 1958, und nach 13. ..0–0–0! 14. 0–0–0 The8 hätte Schwarz ausreichende Kompensation für den Bauern.

10. ... Sf6–h5

Nach 10. ..0–0 11. Tg1 Sh5 12. Sc3 Lh4+ 13. Kd2 Dd8 14. f5 Te8 15. Tg4 Sc6 dürften die Aussichten gleich sein, Pachman-Pithart, Prag 1962. Stärker als 11. Tg1 ist 11. Lg2! und 12. 0–0, und nach Keres räumen Läuferpaar sowie Mehrbauer dem Anziehenden eindeutig bessere Aussichten ein. Der von Panow stammende Textzug bezweckt, diese Umgruppierung der weißen Steine nicht zuzulassen.

11. Se4–c3 Dd5–f5

12. 0–0–0 Sh5xf4

13. De2–d2

(Diagramm 115)

Von dieser Stellung hängt das Urteil über die gesamte Variante ab.

Aus unserer Analyse geht hervor, daß dem Anziehenden, sobald er den Mehrbauern zurückgibt, aber das Läuferpaar bewahrt, der Vorzug zu geben ist.

115

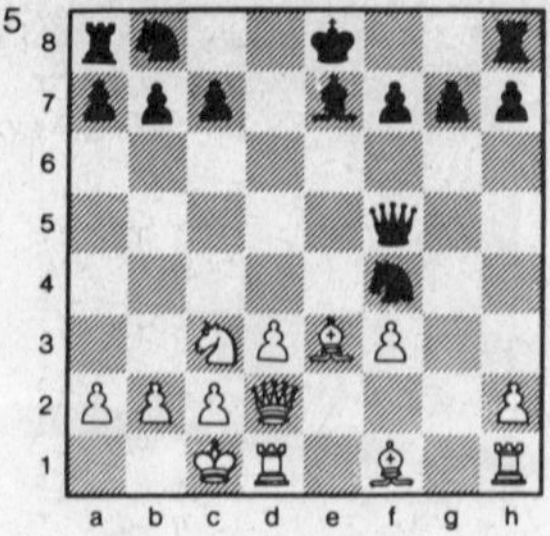

Zieht Schwarz den Springer auf e6 zurück, so geschieht 14. f4. Unzulänglich ist auch 13. ..Lg5 14. h4 Lh6 15. Lh3! Sh3: 16. Lh6: gf 17. De3+ Kf8 18. f4 mit besseren weißen Chancen. Auf 13. ..Sd5 verfügt Weiß über den starken Zug 14. Lh3!, und sowohl nach 14. ..Dh3: 15. Sd5: Ld6 16. Lf4 als auch nach 14. ..De5 15. d4 De3: 16. Sd5: Dd2:+ 17. Td2: Ld6 18. Lc8! sind seine Aussichten besser.

III.
(1. e4 e5 2. f4 d5 3. ed e4 4. d3)

4. . . . **Sg8–f6**

(Diagramm 116)

Dieser natürliche Entwicklungszug kommt am häufigsten vor. Weiß hat jetzt die Wahl zwischen den Fortsetzungen **1.) 5. Sc3, 2.) 5. Sd2, 3.) 5. De2** und **4.) 5. de.**

1.)

5. Sb1–c3

Zu dieser Stellung kann es auch in der Variante B kommen (siehe Seite).

5. . . . **Lf8–b4**

Nach **5. . . ed** entsteht eine Stellung, die wir im Abschnitt B. 1) besprochen haben. Neben dem Textzug ist auch **5. ..Lf5** 6. de bekannt. Wählt Schwarz dann 6. ..Le4:, so ergibt 7. De2 De7 8. Se4: Se4: 9. Sf3 Sd7 10. Le3 0–0–0 11. 0–0–0 Sdf6 12. g3 Sd5: 13. Lh3+ Kb8 14. Ld4! klare weiße Überlegenheit. Besser ist 6. ..Se4: 7. De2 De7, wonach diese Stellung entsteht:

117

Geschieht weiter 8. Sb5 (»Bilguer« hat lediglich 8. Sd1 untersucht) 8. ..Dd7, so ist nach Keres 9. Sf3! mit besseren weißen Aussichten am zweckmässigsten.
Doch neben 8. ..Dd7 hat Schwarz das stärkere 8. ..g6!, und nach 9. Le3 Lg7 10. Ld4 0–0 11. 0–0–0 Sa6 12. g4 Ld7 13. Lg7: Kg7: 14. d6 cd 15. Sd6: Lc6 16. Lg2 Sac5 hat Schwarz für den Bauern ausreichendes Gegenspiel.
In der Partie Bhend-Unzicker, Zürich 1959, zog Weiß 8. Ld2 (statt 8. Sb5), und nach 8. ..Sc3: 9. De7:+ Le7: 10. Lc3: Lc2: war das Spiel ausgeglichen. Doch zurück zur Hauptvariante.

6. Lc1–d2

Auf 6. De2 antwortet Schwarz mit Vorteil 6. ..0–0 7. de Se4:!. Von Interesse ist unverzüglich 6. de Se4: 7. Dd4, wonach diese Stellung entsteht:

118

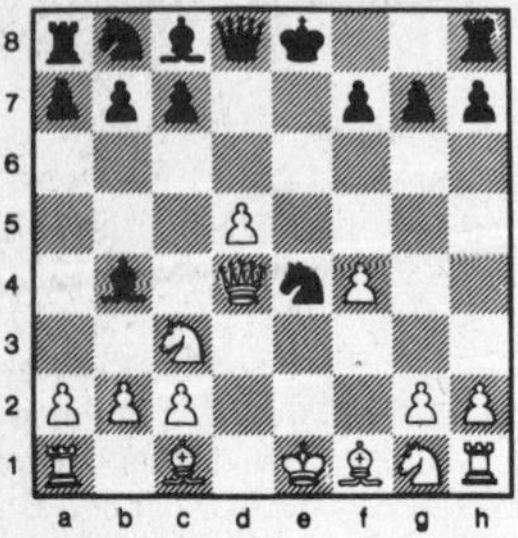

Gut bekannt ist hier **7. ..Lc3:+** 8. bc 0–0 (schlecht ist hingegen 8. ..Dh4+? 9. g3 Sg3: wegen 10. hg! Dh1: 11. Dg7: Tf8 12. La3, und Weiß steht überwältigend). Früher war 9. Sf3 Te8 üblich, was nach 10. Le2 Sd6 11. Lb2 c5! 12. Dc5: Sa6 oder 10. Le3 c5 11. dc Da5! schwarzen Vorteil ergibt. In der Partie Glaskow-Scherman, Moskau 1975, wartete Weiß mit 9. Lb5 auf, und nach 9. ..c6 (auch hier kommt 9. ..Dh4+ 10. Kf1 Sg3+ 11. hg Dh1: 12. La3 offensichtlich Weiß zugute) 10. dc bc 11. Dd8: Td8: 12. Ld3 Sc3: 13. Lb2 Sd5 14. 0–0–0 Lg4 15. Td2 durfte der Anziehende sich einer gewissen Überlegenheit rühmen.

In der Diagrammstellung ist jedoch eine stärkere schwarze Erwiderung möglich: **7. ..De7!**. Die Partie v. Bardeleben-Blackburne, London 1895, verlief so: 8. Le2 0–0 9. Ld2 Sd2: 10. Dd2: c6! (schwächer ist 10. ..Lg4 11. 0–0–0 Lc3:, Hamppe-Pitschel, Wien 1960, und Weiß übersah die Möglichkeit, mit 12. Dc3:! Le2: 13. Te1 De4 14. Dd2! Dg2: 15. Se2: Te8 16. Dd4 Te4 17. Dc3 bessere Aussichten zu erlangen) 11. Sf3 cd 12. 0–0 Sc6 mit gleichem Spiel.

(Diagramm 119)

6. ... e4–e3!

Der klassische Zug Morphys. Nicht gut

119

ist **6. ..Sd5:** 7. de!, und auf **6. ..ed** geschieht 7. Ld3: 0–0 8. Df3 oder 8. De2+ mit weißem Vorteil.

Falkbeer empfahl in seinem 1850 in der »Deutschen Schachzeitung« veröffentlichten Beitrag **6. ..0–0** 7. Se4: Te8 8. Lb4: Se4: 9. de Te4:+ 10. Le2 Tb4:, was angeblich für Schwarz vorteilhaft sei. Nach sage und schreibe 120 Jahren ist diese Variante in der Partie Spasski-Bronstein, Moskau 1971, erprobt worden. Es stellte sich heraus, daß nach 11. Sf3 Tf4: 12. Dd2 Dd6 die Aussichten annähernd gleich sind. Weiter geschah 13. 0–0–0 Sd7 14. Sd4 a6 15. g3 Tf6 16. The1 Se5 17. Lh5 Ld7 18. De2 Te8, und man einigte sich auf Remis.

7. Ld2xe3 0–0

7. ..Sd5: 8. Ld2 0–0! führt mit Zugumstellung zur Hauptvariante. Schwächer ist 8. ..Lc3: 9. bc 0–0, wonach Weiß über 2 gute Möglichkeiten verfügt:

a) **10. c4** Te8+ 11. Le2 Sf6 (schlechter ist 11. ..Se3 12. Le3: Te3: 13. Lf2!, und nach 13. ..Dd4 14. Sf3 Df4: 15. Dc1 steht Weiß auf Gewinn, Petrow-Schumow, St. Petersburg 1862) 12. Sf3 De7 13. Se5 Sc6 14. Lc3! mit weißem Vorteil;

Schwächer als 14. Lc3 ist 14. 0–0 Se5: 15. fe De5: 16. Lf3 (falls 16. Lf4, so 16. ..Dd4+ 17. Kh1 c5) wegen 16. ..Sg4! 17. Lg4: Dd4+ mit schwarzem Vorteil, Roschdestwenski-Estrin, Moskau 1943.

b) **10. Sf3** Te8+ 11. Le2 De7, und 12. c4 Sf6 13. Se5 ergibt die Stellung aus dem vorherigen Beispiel. Geschieht aber 12. ..Se3 13. Le3: De3: 14. Dd2, so ist Weiß nach wie vor im Vorteil.

120

8. Le3–d2

Auf 8. Le2 kann Schwarz neben 8. ..Te8 auch mit 8. ..Lc3:+ 9. bc Sd5: fortsetzen. Die Partie Grusman-Kumelfeld, Moskau 1966, verlief so: 10. Ld2 Df6 11. Dc1 Te8 12. c4 Sc3 13. Db2 Se2: 14. Df6: gf 15. Se2: Lg4 16. h3 Te2:+! 17. Kd1 Td2:++ 18. Kd2: Le6, und Schwarz stand auf Gewinn.

8. . . . Tf8–e8+

Gut ist auch 8. ..Sd5:. Nach 9. Le2 Lc3: 10. bc Df6 geht das Spiel in die obige Variante über. Ausgezeichnete Chancen erlangt Schwarz sowohl nach 9. Sd5: Te8+ 10. Se2 Ld2:+ 11. Dd2: Dd5: als auch nach 10. Le2 Dd5: 11. Sf3 Lc5 12. Kf1 Lf5.

In der Partie Lionnais-Alexander, Paris 1934, antwortete Weiß auf 9. ..Te8+ mit 10. Se7+, geriet aber nach 10. ..Le7:! 11. Le2 Lh4+ 12. g3 (auch 12. Kf1 Dd4 13. Le1 Le1: ergibt klare schwarze Überlegenheit) 12. ..Dd5! in eine hoffnungslose Lage.

Früher galt das Abspiel 8. ..Lc3: 9. bc (nicht gut ist 9. Lc3: wegen 9. ..Te8+ 10. Le2 Lg4 11. Dd2 Sd5:) 9. ..Te8+ 10. Le2 Lg4 für Schwarz beinahe als obligatorisch. Es entsteht diese Stellung:

121

In der klassischen Partie Schulten-Morphy, New York 1857, geschah **11. c4** c6 12. dc? (besser war 12. h3!) 12. ..Sc6: 13. Kf1 Te2:!, und der schwarze Angriff schlug durch.

S. Furman hat **11. h3** vorgeschlagen, doch darauf ist 11. ..Dd5:! 12. Kf2 Le2: 13. Se2: Dc5+! mit schwarzer Initiative möglich. Richtig ist 11. Kf2! Le2: 12. Se2:, und nach 12. ..Dd5: 13. Te1 Sc6 14. Kg1 Dc5+! 15. d4 Dd5 entsteht eine Stellung mit etwa gleichen Aussichten. In manchen Varianten ist es für Schwarz zweckmäßig, den schwarzfeldrigen Läufer zu bewahren. Daher dürfte 8. ..Te8+ am genauesten sein.

9. Lf1–e2

Im Treffen Rührig-Eckert, Deutschland 1978, setzte Weiß mit 9. Sce2 fort, aber nach 9. ..Lc5 10. Sf3 Dd5: 11. Se5 Sc6 12. Lc3 Le3! 13. d4 Se4 14. Dd3 Lf2+ 15. Kd1 Lf5 stand Schwarz auf Gewinn.

Auf 9. Se4 würde 9. ..Se4: 10. de Te4:+ 11. Le2 folgen. Im Vergleich zur Fortsetzung von Falkbeer (siehe Anmerkung zum 6. Zug) hat Schwarz hier ein Tempo mehr, was ihm erlaubt mit 11. ..Lc5! eindeutigen Vorteil zu erlangen.

9. . . . Lc8–g4

10. Sg1–f3

Auch nach 10. Kf1 (nicht gut ist 10. Kf2 wegen 10. ..Lc5+) 10. ..Lc3: 11. bc Le2:+ 12. Se2: Dd5: macht die schwarze Initiative den Bauern wett.

10. ... **Lg4xf3**
11. g2xf3 **Lb4xc3**
12. b2xc3 **Sf6xd5**

122

In dieser Stellung hat Schwarz gutes Spiel. Die Partie Veltervrede-Euwe, Amsterdam 1926, verlief so: **13. 0–0** Df6 14. d4 Sf4: 15. Lf4: Df4: 16. Tb1 Sd7 17. Tf2 Sb6 18. c4 Tad8 19. c3 c5, und Schwarz hat den Bauern zurückgewonnen mit besseren Aussichten.

2.)
(1. e4 e5 2. f4 d5 3. ed e4 4. d3 Sf6)
5. Sb1–d2
Mit diesem Zug beginnt das von Keres entwickelte System, das in der Nachkriegszeit sehr gebräuchlich geworden ist.

123
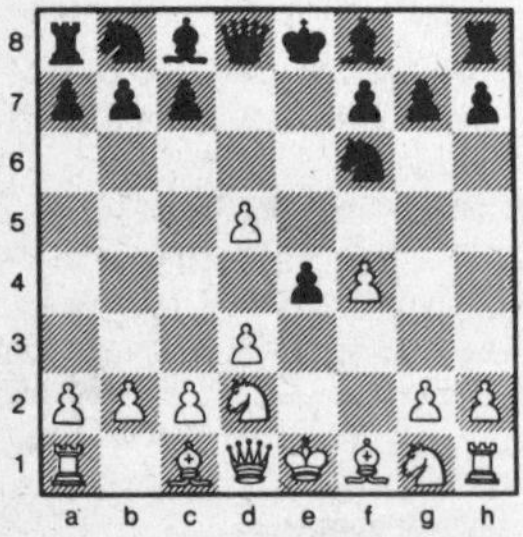

Die grundsätzlichen schwarzen Erwiderungen lauten: **a) 5. . . e3, b) 5. . . Lf5, c) 5. . . Lc5, d) 5. . . ed 6. Ld3: Dd5.** und **e) 5. . . ed 6. Ld3: Sd5:.**

Auf **5. . . Lg4** setzt Weiß vorteilhaft mit 6. Le2 fort. In der Fernpartie Firmenich-Kenne 1942 geschah weiter 6. . . e3 7. Lg4: Sg4: 8. Dg4: ed+ 9. Ld2:, und Schwarz hatte nicht die geringste Kompensation für das fehlende Material.
Falsch ist **5. . . Dd5:?,** worauf Weiß mit 6. de Se4: 7. Lc4 antwortet. Weiter ergeben sowohl 7. . . Dc5 8. De2 f5 9. Se4: fe 10. De4:+ Le7 11. Sf3 als auch 7. . . Dd4 8. De2 f5 9. Sgf3 Db6 10. Se4: fe 11. De4:+, de Greiff-Cuellar, Bogota 1958, klaren weißen Vorteil.

a)
5. ... e4–e3
Damit erlangt Schwarz kein ausreichendes Gegenspiel.
6. Sd2–c4 Sf6xd5

124
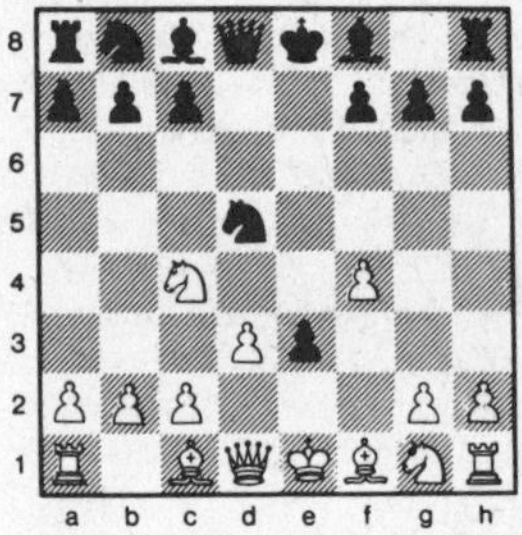

7. Dd1–f3!
Die Theorie hält diesen Zug für den stärksten. Nicht so aussichtsreich ist **7. Se3:** Sf4: 8. g3, obwohl Weiß auch hier nach 8. . . Sd5 9. Df3 Se3: 10. Le3: in der Entwicklung voraus ist.
Zu besseren weißen Aussichten führt auch 8. . . Sg6 9. Lg2 Ld6 10. c3 (schwächer ist 10. Sf3 0–0 11. 0–0 Sc6 12. Kh1, und in der Fernpartie Keres-Stalda 1934 konnte Schwarz mit 12. . . f5 zu gleichem Spiel kommen) 10. . . 0–0 11. Se2 Sc6 12. d4 Sce7 13. Dd3, Bronstein-Kamyschew, Moskau 1947.

7. . . . Lf8–e7
8. Sc4xe3 Sd5xe3
9. Lc1xe3 0–0
10. Df3–f2!

Weniger energisch ist 10. Se2 Sc6 11. Sc3, Damjanović-Gligorić, Zagreb 1965, und nach 11. . . Lf6 12. 0–0–0 Te8 13. Sd5 Ld4 14. c4 Le6 wog das schwarze Gegenspiel den Bauern auf.

10. . . . Dd8–d5
11. Sg1–f3 Sb8–c6
12. Lf1–e2 Tf8–e8
13. 0–0

125

In der Diagrammstellung fehlt dem Nachziehenden ausreichende Kompensation für den geopferten Bauern. Auf **13. . . Lf6** 14. d4 Sb4 erwidert Weiß mit Vorteil 15. Se5!, wonach 15. . . Le5: 16. fe Sc2:? 17. Lh5! nicht geht.

b)

(1. e4 e5 2. f4 d5 3. ed e4 4. d3 Sf6 5. Sd2)

5. . . . Lc8–f5
6. d3xe4

Die Fortsetzung 6. De2 ergibt hier sowie im nächsten Zug eine Stellung, die später besprochen wird.

6. . . . Sf6xe4

Nach 6. . .Le4: 7. Se4: Se4: 8. Sf3 (möglich ist auch das scharfe 8. Le3 Dh4+ 9. g3 Sg3: 10. Sf3 oder 10. hg Dh1: 11. De2) 8. . .Lc5 9. De2 Lf2+ 10. Kd1 Dd5:+ 11. Sd2 f5 12. Db5+! Db5: 13. Lb5:+ Sc6 (falls 13. . .c6?, so 14. Ld3 Sc5 15. Lf5: 0–0 16. Se4) 14. Se4: fe 15. Ke2 Lb6 16. Le3 ist die weiße Überlegenheit offensichtlich.

126

7. Sg1–f3

Klaren schwarzen Vorteil ergibt **7. Lb5+** c6 8. dc bc 9. De2 Lb4 nach 10. Sf3 (oder 10. c3 0–0) 10. . .0–0 11. Lc4 Te8 12. Se5 Te5:!, Baretić-Trojanesku, Bari 1971.

In der Fernpartie Jawell-Deweck 1951 geschah **7. Ld3** Dh4+ 8. b3 Sb3: 9. Sdf3, und Schwarz sollte mit 9. . .De7+! 10. Se2 Ld3: 11. hg Le4 fortsetzen. Nach 12. 0–0 wären die Aussichten etwa gleich.

Unzulänglich ist **7. Se4:** Le4: 8. Sf3 Lb4+! 9. c3 De7 10. De2 Lc5 11. c4 c6 12. dc Sc6: mit ausgezeichneter schwarzer Stellung, Fernpartie Gonzalez-Diaz 1963.

7. . . . Lf8–c5

Dieses Abspiel, das die Theorie für das Grundsätzliche hält, bietet Weiß bessere Chancen.

Beachtenswert ist die 1951 von Ja. Estrin vorgeschlagene Erwiderung **7. . . Le7!?.** Auf 8. Ld3 setzt Schwarz vorteilhaft mit 8. . .Dd5: fort, während 8. Lb5+ c6 9. dc Sc6: dem Nachziehenden Initiative einbringt. Die »Enzyklopädie« empfiehlt 8. Sd4, worauf Schwarz 8. . .Lg6! mit zweischneidigem Spiel antworten kann. Am aussichtsreich-

sten ist das von Keres vorgeschlagene 8. Lc4! c6 9. Se4: Le4: 10. d6 Lf3: (falls 10...Dd6: oder 10...Ld6:, so 11. Lf7:+!) 11. Df3: und 12. Ld2.
Auf **7...Lb4** antwortet Weiß mit Vorteil 8. c3, und falls 8...De7 (schlecht ist 8. ..Sc3: 9. bc Lc3: 10. La3!), so ist nach 9. Se5! Sc3: 10. bc Lc3: 11. d6! Dd6: (oder 11...cd 12. La3) 12. Db3 Le5: 13. Sc4 der weiße Vorteil offensichtlich (Analyse von Euwe).
Falsch ist **7...Dd5:?** 8. Lc4 Dc5 9. De2 De7, und nach 10. Lf7:+! (an diesem Zug ging die Theorie vorbei) 10...Kf7: 11. Se5+ sowie 12. Se4: ist Weiß im Vorteil.
Abzuraten ist auch von **7. ..c6.** Die Fernpartie Keres-Ziker 1937 verlief so: 8. Sd4! Lg6 (nicht gut ist 8...Sd2: 9. Sf5: Se4 wegen 10. Lc4 Lc5 11. Lg4!; geschieht aber 8. ..Dd5:? 9. Sf5:, so büßt Schwarz sowohl nach 9...Df5: 10. Ld3 als auch nach 9. ..Sd2: 10. Se3! eine Figur ein) 9. De2 Lb4 10. c3 0–0 11. Se4: Le4: 12. cb Te8 13. Le3, und die materielle Überlegenheit von Weiß war entscheidend.

8. Lf1–d3 Se4xd2

Auf 8. ..Lf2+ 9. Kf1 geht Schwarz leer aus. Offensichtliche weiße Überlegenheit ergibt 8. ..Sf2 9. De2+ De7 10. De7:+ Ke7: 11. Lf5: Sh1: 12. Sf3.
Falls 8. ..0–0, so 9. Le4:! Te8 10. Se5 Le4: 11. Se4: mit weißer Mehrfigur.

9. Dd1xd2

Laut Keres steht Weiß auch nach 9. De2+ De7 10. Lf5: Sf3:+ 11. gf überlegen. Gleichzeitig empfahl er 9. Lf5: Sf3:+ 10. Df3: 0–0 11. Ld2 Te8+ 12. Kd1.
Wir stimmen jedoch nicht zu, weil Schwarz 12...Df6! erwidert und nach 13. Dd3 g6 14. Lg4 Db2: 15. Lc3 Db6 gleiches Spiel hat.

9. ... Lf5xd3
10. Dd2xd3 0–0
11Lc1–d2

Nach Keres ist auch 11. Sg5 Te8+ 12. Kf1 g6 13. Ld2 gut.

11. ... Tf8–e8+
12. Ke1–d1

127

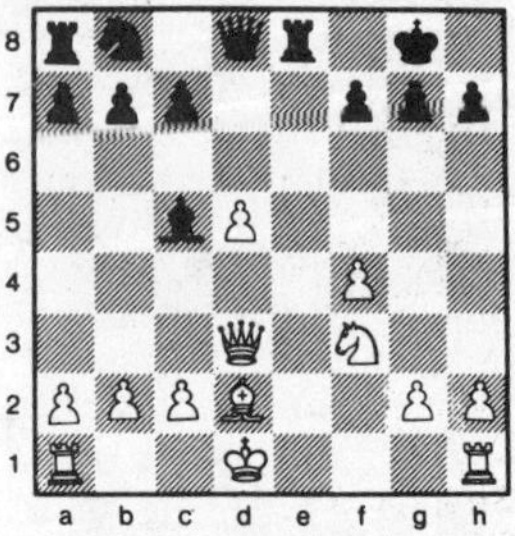

Obwohl Weiß nicht mehr rochieren darf, hat er einen Bauern mehr und eine feste Stellung, weshalb wir ihm den Vorzug geben. Die Fernpartie Chmelnizki-Goldberg 1953/55 verlief so: 12. ..c6 (besser dürfte 12. ..h6 oder 12. ..Sd7 sein, obwohl Weiß auch in diesem Fall nach 13. c4 und 14. Kc2 besser steht) 13. Sg5 g6 14. Se4 Le7 15. d6 Lf8 16. Lc3 Lg7 17. Lg7: Kg7: 18. Dd4+ f6 19. Kd2, und Weiß war klar im Vorteil.

c)
(1. e4 e5 2. f4 d5 3. ed e4 4. d3 Sf6 5. Sd2)

5. ... Lf8–c5
6. Sd2xe4

Selbstverständlich ist 6. de Sg4 7. Df3 Sf2 8. Sb3 Lb6 9. c4 Sd7 für Weiß unakzeptabel.

6. ... Lc5xg1!

Andere schwarze Erwiderungen sind für den Nachziehenden ungünstig, z.B.: **6. ..De7** 7. De2 0–0 8. Ld2 (nach 8. Sc5: Dc5: 9. Le3 Dd5: geht die Initiative zu Schwarz über) 8. ..Lf5, Lepjoschkin-Ssuchanow, Moskau 1971, und,

128

wie Keres zeigt, käme Weiß mit 9. Sg3! in Vorteil.
6. . . Se4: 7. de 0–0 8. Ld3 c6 9. d6! Ld6: 10. Sf3, und Weiß ist ebenfalls im Vorteil, Kaila-Niemelää, Helsinki 1951.

7. Th1xg1

Auf 7. Sf6:+ Df6: 8. Tg1: lautet die beste schwarze Antwort 8. . . 0–0! mit ausgezeichnetem Spiel.

7. . . . 0–0

Möglich ist auch unverzüglich 7. . . Sd5: 8. Df3 Sc6 9. c3 0–0, und nach 10. Ld2 f5 11. Sg3 Sf6 12. Le2 Le6 13. h3 Dd7 macht die schwarze Initiative den Minusbauern wett.

8. Dd1–f3 Tf8–e8
9. Lf1–e2 Sf6xd5
10. Lc1–d2 Sb8–c6
11. c2–c3 f7–f5

129

In der Partie Johansen-Niemelää, Riga 1959, geschah weiter **12. Sc5** Sf6 13. Sb3 De7 14. Kd1 Le6 15. Te1 Tad8 16. Kc2 a5 mit aktiver schwarzer Stellung.

d)
(1. e4 e5 2. f4 d5 3. ed e4 4. d3 Sf6 5. Sd2)

5. . . . e4xd3

Die Theorie hält dieses Abspiel für das beste.

6. Lf1xd3

130

6. . . . Dd8xd5

6. . . Sd5: wird unten im Abschnitt e) besprochen.
Die Fortsetzung **6. . . Lg4** 7. Sgf3 ist nach 7. . . Dd5: lediglich Zugumstellung. Falls aber Schwarz 7. . . Sd5: zieht, so erlangt Weiß mit 8. h3! Überlegenheit: bei der von Marić vorgeschlagenen Zugfolge 8. . . Lf3: 9. Df3: Lc5 10. Sb3 Lb6 11. Ld2 0–0 12. 0–0–0 a5 zieht Weiß mit Vorteil 13. Lc4!, während er bei 8. . . Ld7 9. Se4 Sc6 10. 0–0 Le7 11. Sfg5 Sb6 (es drohte 12. Lc4) 12. Ld2 h6 13. Dh5! zu starkem Angriff kommt, Sydor-Ujtumen 1971.
Ungenügend ist **6. . . Ld6,** nach 7. De2+ De7 8. De7:+ Le7: 9. c4 behält Weiß einen Mehrbauern bei guter Stellung.

7. Sg1–f3

Von Spielmann stammt die Empfehlung 7. Df3!?, um auf 7. . . De6+ mit 8. Se2 Sc6 9. 0–0 fortzusetzen.

7. . . . Lc8–g4

Beachtenswert ist auch 7. . . Sc6,

Spielmann-Koomen, Amsterdam 1938. Weiter geschah 8. De2+ Le7 9. 0–0 (falls 9. Se5, so 9. ..Sd4) 9. ..0–0 10. Sb3 Te8? 11. Se5 mit weißem Vorteil. Dieses Ergebnis hat Schwarz mit seinem 10. Zuge verursacht: nach 10. ..Lg4! wären seine Aussichten gleich. Fehlerhaft ist 7. ..Lc5 8. De2+ De6 9. Se5. Die Partie Keres-Petrow, Moskau 1940, entwickelte sich so weiter: 9. ..0–0 10. Se4! Se4: 11. De4: g6 12. b4! Le7 13. Lb2 Lf6 14. 0–0–0 Sc6 15. h4! h5 16. g4!, und Weiß hat durchschlagenden Angriff.

131

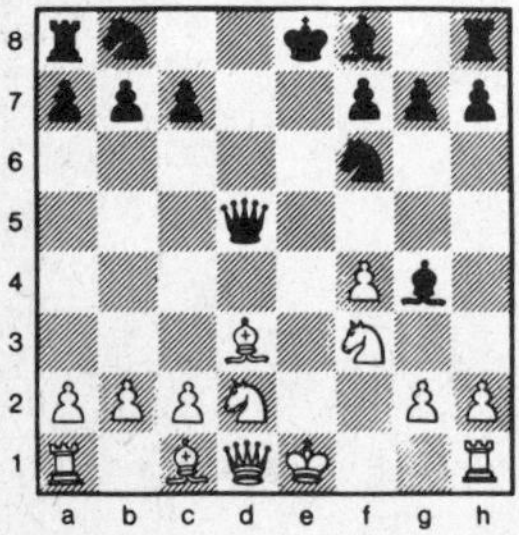

8. h2–h3

Die Theorie hält **8. 0–0** Lc5+ 9. Kh1 für zweifelhaft wegen 9. ..0–0 10. Sb3 Sbd7! 11. Sc5: Sc5: 12. Kg1, weil Schwarz nach 13. ..Lf3: 14. Df3: Sd3: 15. Dd3: Tad8 bessere Aussichten erlangt. Weiß kann aber mit 10. h3! (statt 10. Sb3) 10. ..Dh5 11. Se4! Sbd7 12. Sg3 fortsetzen, wonach das Spiel in die Hauptvariante übergeht, die für Weiß günstig ist.

Möglich ist auch **8. De2+** Le7. Danach führt 9. h3 Dh5 10. 0–0 zur Hauptvariante. Beachtenswert ist auch 9. 0–0 Sc6 10. b3!?, und Weiß steht aussichtsreich. In der Fernpartie Lasarew-Chochlow 1953 geschah nach 8. ..Le7 weiter 9. Se4 0–0! 10. 0–0 Sc6 11. c3 Tad8 12. Lc2? Tfe8 13. Td1 Lc5+ 14. Kf1 Ld4!, und Schwarz stand auf Gewinn. Der weiße Fehler bestand in 12. Lc2; besser ist 12. Sf6:+! Lf6: 13. Lc4 Dh5 mit zweischneidigem Spiel.

8. ... Dd5–h5

Nach 8. ..Lf3: 9. Df3: Sc6 10. Se4 ist die weiße Stellung dank dem Läuferpaar vorzuziehen.

132

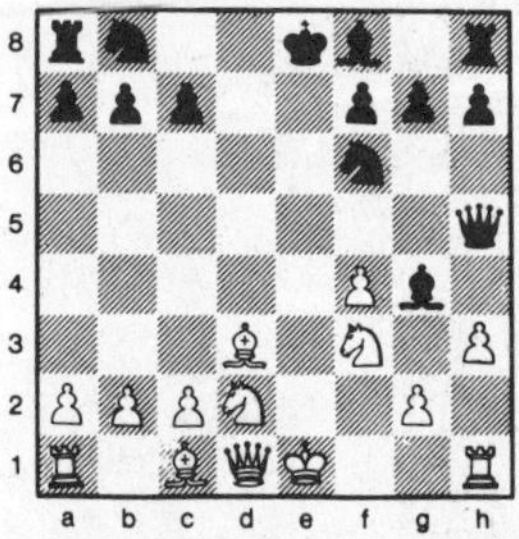

In der Diagrammstellung hat Weiß die Wahl zwischen **9. De2+** Le7 10. 0–0 Lf3: 11. Df3: oder **9. 0–0** Lc5+ 10. Kh1 0–0 11. Se4 Sbd7 (falls 11. ..Se4:, so 12. Le4: c6 13. Dd3) 12. Sg3!, in beiden Fällen mit besseren Aussichten.

e)

(1. e4 e5 2. f4 d5 3. ed e4 4. d3 Sf6 5. Sd2 ed 6. Ld3:)

6. ... Sf6xd5!

Zweifellos die stärkste Erwiderung.

133

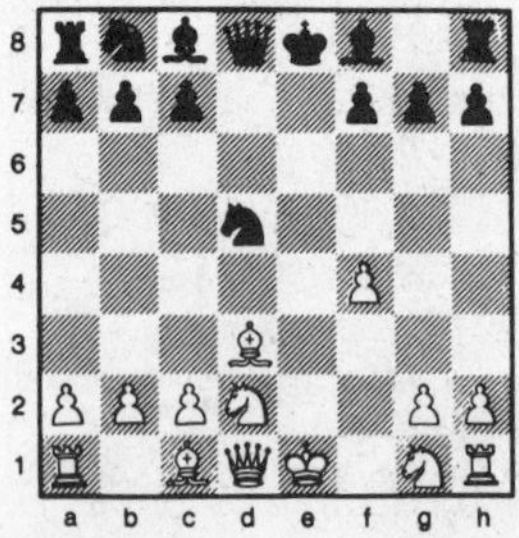

7. Dd1–e2+

Im Treffen Schneider-Lengyel, Ungarn

1975, unterlief Weiß ein Fehler: nach **7. Df3** Sc6 8. a3 Lc5 9. Se4 Sd4 10. Dh5 Lf5! 11. Ld2 g6 12. Dh6 De7 13. 0–0–0 Le4:! 14. Le4: De4: mußte er aufgeben, da Schwarz auf 15. Te1 mit 15. .. Sb3+! 16. cb Se3 17. Le3: Le3:+ antworten würde.

Auch bei **7. Se4** Sb4! 8. Lb5+ c6 9. Dd8:+ (falls 9. De2, so ist 9. .. Sc2:+ gut) 9. .. Kd8: gestaltet sich das Spiel zugunsten von Schwarz, z.B.:

a) 10. La4 Lf5 11. Sg5 Kc8 (gut ist auch 11. .. Lc2:) 12. Kd1 f6 13. S5f3 S8a6, und Schwarz ist im Vorteil, Castaldi-Trifunović, Hilversum 1947;

b) 10. Ld3 Sd3:+ 11. cd Sa6 12. Sf3 f6 13. h3 Le7 14. Ld2 Sb4, und Schwarz steht überlegen, Damjanović-Pachman, Sarajevo 1966.

7. . . .   Lf8–e7

Euwe ist der Meinung, daß Schwarz 7. .. De7 wählen soll, Damentausch drohend, da auf 8. Se4 die Erwiderung 8. .. Sb4 möglich ist. Versucht jetzt Weiß, mit 9. Lb5+ seinen weißfeldrigen Läufer zu erhalten, dann zieht er nach 9. .. S8c6 (stark genug ist auch 9. .. Ld7 10. Ld7:+ Sd7:) 10. c3 Lf5 11. Sg5 Sc2+! den kürzeren.

Richtig ist 9. Le3! Sd3:+ 10. cd Lf5 11. Sf3 Le4: (selbstverständlich nicht 11. .. Sc6?? 12. Lc5!) 12. de De4: 13. 0–0 Sc6 14. Sg5 De7 15. Tac1 mit gefährlicher Initiative, Moosberg-Molinski, Fernpartie 1968.

8. Sd2–e4   Sb8–c6

Auf 8. .. Sb4 ist 9. Lb5+ am besten.

(Diagramm 134)

Keres hielt die Aussichten beider Partner in dieser Stellung für annähernd gleich. Praktische Angaben bestätigen jedoch dieses Urteil nicht: die schwarzen Aussichten sind eindeutig besser. Die Fernpartie Schäfer-Dyckhoff 1954/56 ging so weiter: 9. Sf3 Lg4 10. c3 0–0 11. 0–0 Te8 12. Lc4 (auf 12. h3 ist 12. .. Lc5+ 13. Kh1 Lf5 14. Dc2 Le3

134

möglich) 12. .. Sa5 13. Dd3 Sc4: 14. Dc4: c6, und nach dem fehlerhaften 15. Db3? Lf3:! 16. Tf3: Lf8 17. Sg3 Lc5+ 18. Kh1 Sf6! 19. f5 Te1+ 20. Tf1 Sg4! mußte Weiß die Waffen strecken.

3)

(1. e4 e5 2. f4 d5 3. ed e4 4. d3 Sf6)

5. Dd1–e2

135

Dieser Zug stammt von Réti. Nach 5. .. Dd5: entsteht die Variante, die wir auf Seite unter II 2) untersucht haben.

Das 2. Bauernopfer **5. .. Lc5** 6. de! 0–0 7. Sc3 Te8 ist fehlerhaft. Nach Tartakower lautet jetzt die richtige Fortsetzung 8. Dc4!, und falls 8. .. Se4: 9. Se4: Lg1: 10. Tg1: f5 (oder 10. .. Lf5 11. Ld3 Le4: 12. Le4: b6 13. Dd3 f5 14. Le3 Te4: 15. 0–0–0), so 11. d6+ Kh8 12. dc Dh4+ 13. b3 Dh2: 14. Tg2 Dh1 15. cbD Tb8: 16. Kf2 mit entscheidender weißer Überlegenheit.

Gut ist auch 8. e5. In der Partie K. Grigorjan-Ruderwer, Moskau 1967, geschah danach 8. ..Sd5: 9. Se4 Lb6 10. Ld2 Sc6 11. 0–0–0 Sd4 12. Dd3 Lf5 13. g4! Lg4: 14. Se2 Lf3 15. Sg5, und der weiße Vorteil war offensichtlich.

Weniger zweckmäßig ist 8. Sf3, worauf Schwarz 8. ..c6! erwidert.

Von Interesse ist 5. ..Lb4!?. Falsch ist nun 6. Ld2 Lg4! 7. Sf3 0–0 8. Lb4: Te8 mit klarer schwarzer Überlegenheit. Stark ist hingegen 6. c3! Lc5 7. de 0–0 8. Sf3. Die Partie Kuindschi-Suchanow, Moskau 1970, verlief so: 8. ..Te8 (beachtenswert ist auch 8. ..c6!?) 9. Sbd2 Sd5: 10. Sb3 Lb6 11. Ld2 Lg4 12. 0–0–0 Df6 13. e5 Df5 (fehlerhaft ist 13. ..Sf4:?, weil Schwarz nach 14. De4 eine Figur einbüßt) 14. h3 Dh5, und nach 15. hg! Dh1: 16. De4 war Weiß eindeutig im Vorteil.

In der Diagrammstellung müssen die Abspiele a) **5. ..Lf5** und b) **5. ..Lg4** untersucht werden.

a)

5. . . . Lc8–f5

136

6. d3xe4

Nicht gut ist **6. Sc3** wegen 6. ..Lb4 7. Ld2 0–0! mit schwarzer Initiative. Akzeptabel ist hingegen **6. Sd2,** weil das Spiel nach 6. ..Dd5: 7. de in die bereits untersuchten Variante II 2) übergeht, während 6. ..Lb4!? 7. c3 0–0 8. Se4: (schlecht ist 8. cb? ed) 8. ..Se4: 9. cb (aber nicht 9. de Lc5 10. Sf3 Te8 11. e5 Dd5: mit glänzendem schwarzem Spiel) 9. ..Te8 10. de Te4: zur Hauptvariante führt.

6. . . . Sf6xe4

6. ..Le4: ergibt nach 7. Sc3 eine für Schwarz ungünstige Abzweigung der Variante I).

7. Sb1–d2

Die Fortsetzung 7. Sc3 ist bereits besprochen worden.

7. . . . Lf8–b4!?

Diese, schon 1938 von Claparède in der »Deutschen Schachzeitung« untersuchte zweischneidige Fortsetzung ist objektiv die stärkste, weil Weiß bei 7. ..De7 8. Sgf3 Sbd7 9. Se5 oder 9. Sd4 zu besserem Spiel kommt.

8. c2–c3!

Im Bestreben, das Figurenopfer zu widerlegen, bestand Keres darauf, mit 8. Db5+ Sc6 9. c3 (falls 9. dc Ld2:+ 10. Ke2, so 10. ..0–0 11. Df5: Lc1: mit entscheidendem schwarzem Vorteil) fortzusetzen; aber nach 9. ..a6! kommt Schwarz in Vorteil, worüber Ja. Estrin in der Zeitschrift »Schachmaty w SSSR«, Nr. 1 – 1951, berichtet hat.

Nach 9. ..a6! entsteht folgende Stellung:

137

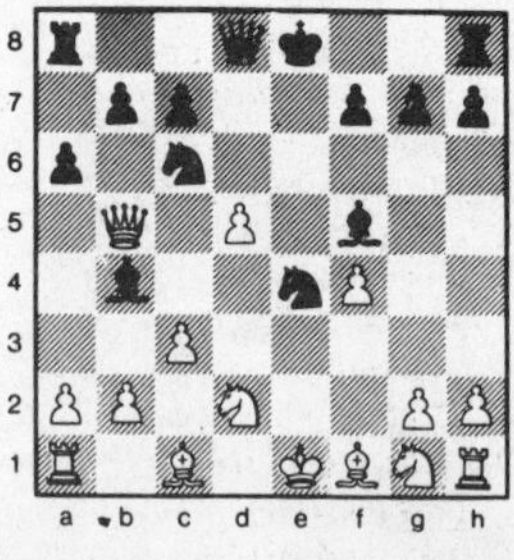

Eine Sichtung der möglichen Rückzugswege der Dame führt zu diesen Ergebnissen:

10. Db7: Sd6! 11. Dc6:+ Ld7 12. Da8: Da8: 13. cb 0–0, und wegen beträchtlichen Entwicklungsrückständen gerät Weiß in eine schwierige Lage.
10. De2 Sd4! (aber nicht 10. ..Dd5:? 11. g4! 0–0–0 12. Lg2) 11. cd 0–0 12. a3 La5 13. b4 Lb6 14. Se4: Te8 15. Le3 Te4:, und nach 16. Td1 De7 17. Kf2 Te8 18. Td3 Te3:! steht Schwarz auf Gewinn; in der Partie Kaila-Riidala, Finnland 1955, geschah 16. 0–0–0 De7 17. Td3 Ld4: 18. Td4: Te3: 19. Df2 Ta3: 20. Kb2 a5 21. Ka3: ab++, und nach wenigen Zügen gab sich Weiß geschlagen.
Ersetzt Weiß 11. cd durch 11. Dd3 (11. Dc4 Sc2+ 12. Ke2 verliert wegen 12. ..Sd6! 13. Db3 De7+), so geschieht 13. g3 Sg3: 14. Da4+ b5 15. Lb5:+ (falls 15. Db4:, so 15. ..Sh1:+ 16. Kd1 Sf2+ 17. Ke2 Sd3 18. Dd4 0–0 mit entscheidendem schwarzem Angriff) 15. ..ab 16. Da8:+ (oder 16. Db5:+ Kd8!) 16. ..Ke7 17. Dh8: Sh1:+ 18. Kd1 Sf2+ 19. Ke2 Ld3+ 20. Kf3 Dg4+ 21. Kf2: Lc5, und Schwarz setzt in 3 Zügen matt.
10. Dd3 De7! 11. De2 (zu raschem schwarzem Sieg führt 11. Se4: Le4: 12. De2, falls aber 12. De3, so 12. ..Lc5 13. De2 Ld5: 14. De7: Ke7: mit klarem schwarzem Vorteil) 11. ..0–0–0 12. dc (falls 12. Se4:, so 12. ..Sd4!) 12. ..Dh4+ 13. g3 Sg3: 14. hg Dh1:, und der schwarze Angriff ist entscheidend.
10. Da4 De7 11. Le2 Sc5 12. Dd1 0–0–0!, und der schwarze Angriff schlägt durch.
10. Dc4 b5! 11. Dc6:+ (nicht gut ist 11. Db3? De7 12. Le2 Sc5 13. Dd1 0–0–0!, was zur Stellung aus dem vorigen Beispiel führt) 11. ..Ld7 12. Da8: Da8: 13. cb Dd5:! 14. Se4: De4:+ 15. Se2 Db4:+ 16. Kf2 0–0 17. a3.
Nach der »Enzyklopädie« steht Weiß etwas besser. Uns fällt es schwer, dieses Urteil gutzuheißen: nach 17. ..Db3 18. Sc3 (falls 18. Sd4, so 18. ..Dd1) 18. ..a5 19. Lc2 b4 20. ab ab sind die schwarzen Aussichten vorzuziehen. Doch zurück zur Hauptvariante.

138

8. . . . **0–0**
9. c3xb4

Die Fortsetzung 9. Se4: Te8 10. cb Te4: bedeutet bloß Zugumstellung.

9. . . . **Tf8–e8**
10. Sd2xe4

Falsch ist das von Keres empfohlene 10. Sc4? wegen 10. ..Sc6 11. dc Dh4+, und Schwarz gewinnt.

10. . . . **Te8xe4**
11. Lc1–e3 **Dd8–e7**
12. Ke1–f2 **Sb8–d7**

139

13. De2–d2

Bekannt ist auch **13. Te1.** Die Partie Keres-Estrin, Simultanspiel Moskau 1941, verlief so: 13. ..Sf6 14. h3 Te8 15. Dd2 Tb4: 16. Ld3 Ld3: 17. Dd3: Tb2:+ 18. Te2 Se4+ 19. Kf3 Dh4, und

nach 20. Lf2 Df2:+! 21. Tf2: Tf2:+ 22. Kg4 Tg2: 23. Kh4 Tg6! 24. Th2 f5! gab sich Weiß geschlagen.
Besser für Weiß wäre 20. De4: obwohl Schwarz auch in diesem Fall nach 20. ..Te4: 21. Ke4: (oder 21. Tb2: De7!) 21. ..f5+! 22. Kf3 Tb1 über gute Angriffsmöglichkeiten verfügt.
Alle anderen weißen Fortsetzungen im 13. Zuge sind schlechter. In der Partie Steinsapir-Estrin, Moskau 1949, geschah **13. Dh5** g6 14. Dg5 Db4:!? (gut ist auch 14. ..Te3: 15. De7: Te7:) 15. Te1 Dg2:+ 16. Te2 Dc3, und Schwarz hatte starken Angriff.
Merkwürdig ist das studienartige Ende der Partie Speyer-Soultanbéieff, Nijmegen 1963: **13. Df3** Te8 14. Ld2 Sf6 15. h3 Td4!, und Weiß gab auf.

13. ... Ta8–e8

Relativ am besten. v. Claparède betrachtete seinerzeit nur 13. ..Sf6 14. Lc5 mit klarem weißem Vorteil.

14. Le3–d4

14. Ld3 Te3: 15. Lf5: Df6! 16. Dc2 Db6! 17. Kf1 Db5+ 18. Kf2 Db6+ ergibt zwangsmäßig Remis.

14. ... Sd7–f6

140

Jetzt erzwingt Schwarz nach **15. Lc5** Tf4:+ 16. Df4: Se4+ 17. Kf3 Sg5+ Remis. Auf **15. h3** ist 15. ..Td4:! 16. Dd4: Sa4+ 17. Kf3 Dh4 18. Se2 Dh5+ 19. Ke3 Dh4 (fehlerhaft ist 19. ..Sg3+! 20. Kf2!) möglich, und nun ist der Anziehende dran, nach 20. Kf2 sich mit Zugwiederholung zufriedenzugeben (Analyse von Ja. Estrin).
Richtig ist **15. Sf3!**, wonach Weiß die Möglichkeit erlangt, den Angriff abzuschlagen und die Figur zu behaupten.

b)

(1. e4 e5 2. f4 d5 3. ed e4 4. d3 Sf6 5. De2)

5. ... Lc8–g4

6. Sg1–f3

Der einzige Zug, um die Initiative zu kämpfen. W. Nenarokow hat 6. De3 empfohlen.

141

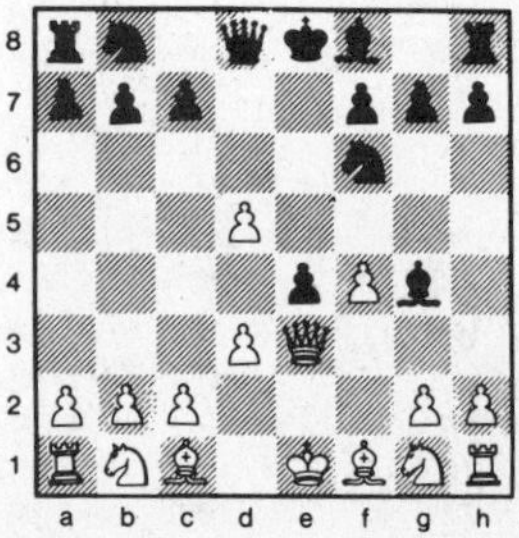

Darauf hat Schwarz etliche gute Erwiderungen, z.B.:
6. ..Sd5: 7. De4:+ Le7 8. f5 Sf6 9. Db7: Sbd7 10. Db5 0–0 11. h3 c6! 12. Dc6: Lf5:, und Schwarz hat ausgezeichnete Aussichten;
6. ..Dd5: 7. Sc3 Lb4 8. Ld2 Lc3: 9. Lc3: Sbd7 10. de De4: 11. De4:+ Se4: 12. Lg7: Tg8 13. Ld4 0–0–0, und die aktive schwarze Stellung macht den geopferten Bauern wett (Analyse von A. Rabinowitsch);
6. ..Lb4+!? 7. Ld2 (laut Persitz ist der schwarze Angriff nach 7. c3 0–0! 8. cb Sd5: 9. Dg3 ed! höchst gefährlich) 7. ..0–0! 8. Lb4: Sd5: 9. Dc5 Te8, und Schwarz entfaltet einen wuchtigen Angriff, Michalek-Mirajevski, Fernpartie 1968.

142

6. . . . Lg4xf3

Auf **6. . . Dd5:** ergibt 7. Sc3 Lb4 8. Ld2 Lc3: 9. Lc3: 0–0 10. de Se4: 11. Td1 Sc3: etwa gleiche Aussichten. In der Fernpartie Gudeus-Dimer 1898 geschah 7. Ld2 Le7 8. de De4: 9. Sc3 Lf3: 10. Se4: Le2: 11. Sf6:+ Lf6: 12. Le2: Sd7, und die Eröffnung hat dem Anziehenden nichts Gewichtiges eingebracht.

Daher dürfte nach 6. . . Dd5: am besten 7. Sbd2 sein, mit Übergang zur Variante, die im Abschnitt II 2) untersucht wird.

Nicht zweckmäßig für Schwarz ist **6. . . Lb4+** 7. c3 0–0 wegen 8. de!, nach 8. . . Lc5 9. Sbd2 Sd5: 10. Sb3 Lb6 11. Ld2 Te8 12. 0–0–0 entsteht dann jene Stellung aus der Partie Kuindschi-Suchanow, die wir im Kommentar zum 5. weißen Zug besprochen haben, die für Weiß günstig ist. Falls aber 8. . . Te8 9. e5 La5 10. Sa3 Sd5: 11. Ld2 geschieht, so bewahrt Weiß den Bauern bei guter Stellung, Filzer-Schischow, Moskau 1958.

7. g2xf3 e4–e3
8. Lc2xe3 Lf8–e7

Falls 8. . . Sd5:, so erlangt Weiß mit 9. Ld4+! Le7 10. Tg1! Sf4: 11. De4 Se6 12. Lg7: Tg8 13. Ld4 klaren Vorteil.

9. Sb1–c3 0–0
10. 0–0–0 Sf6xd5
11. Sc3xd5 Dd8xd5
12. Kc1–b1 Sb8–c6

143

Die Hauptvariante entnehmen wir der Partie Mutschnik-Kuindschi, Moskau 1970. Für den Bauern ist Schwarz ausreichend entschädigt.

4.)

(1. e4 e5 2. f4 d5 3. ed e4 4. d3 Sf6)

5. d3xe4!

Mit diesem Zuge beginnt das von Alapin entwickelte System. Indem Weiß den störenden e4 beseitigt, schafft er Voraussetzungen für den Kampf um Vorteil.

5. . . . Sf6xe4

144

In der Diagrammstellung kommen 3 Fortsetzungen in Betracht: a) **6. De2,** b.) **6. Le3** und c.) **Sf3.**

a)

6. Dd1–e2

Diese Idee stammt von Charousek.

145

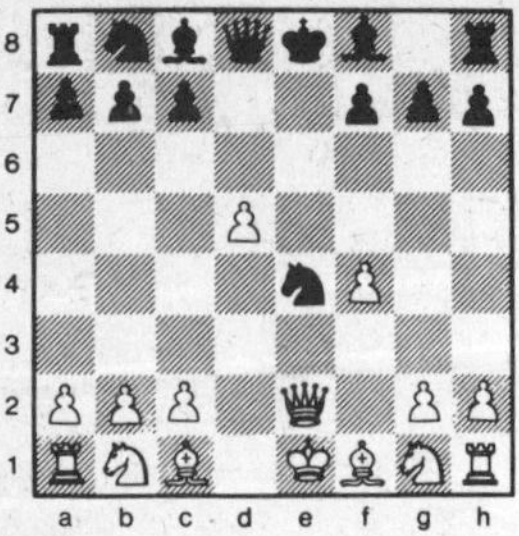

6. . . . Lf8–b4+!

Ein relativ neuer Zug, den der Bulgare Filtschew vorgeschlagen hat.

Ende des vorigen Jahrhunderts galt 6. . . Dd5: 7. Sd2 f5 als obligatorisch. Geschieht danach 8. g4 Sc6! 9. c3 Le7 10. Lg2 Df7 11. Se4: fe 12. Le4: Lh4+ 13. Kf1 0–0, so hat Schwarz für den Bauern Initiative, und Weiß stößt auf Schwierigkeiten, Beratungspartie v. Bardeleben-Pillsbury 1902. Noch schlechter ist 8. Sh3 Sc6 9. c3 Le6 10. Se4: fe 11. Sf2 0–0–0 12. g3 Lc5 13. Lg2, Janowski-Pillsbury, Wien 1898, weil Schwarz mit 13. . . e3! entscheidenden Vorteil erlangt.

Dafür bringt das von Tartakower empfohlene 8. Se4: fe 9. Db5+! dem Anziehenden bessere Aussichten ein.

7. c2–c3

In der Partie Tringov-Filtschev, Bulgarien 1962, zog Weiß 7. Ld2?, und nach 7. . . 0–0 8. Lb4: Te8 9. Kd1 Lg4! 10. Sf3 Sc6! 11. Le1 Dd5:+ 12. Kc1 Tad8 war der schwarze Angriff niederschmetternd.

7. . . . 0–0
8. c3xb4 Tf8–e8
9. Lc1–e3

Auf 9. Sf3 hat es für Schwarz keinen Sinn, mit 9. . . Sg3 die Dame zu gewinnen, da Weiß nach 10. hg Te2:+ 11. Le2: offensichtlich besser steht. Zweckmäßig ist hingegen 9. . . Lg4.

9. . . . Se4–f6
10. Sb1–c3 Sf6–g4
11. 0–0–0 Sg4xe3

146

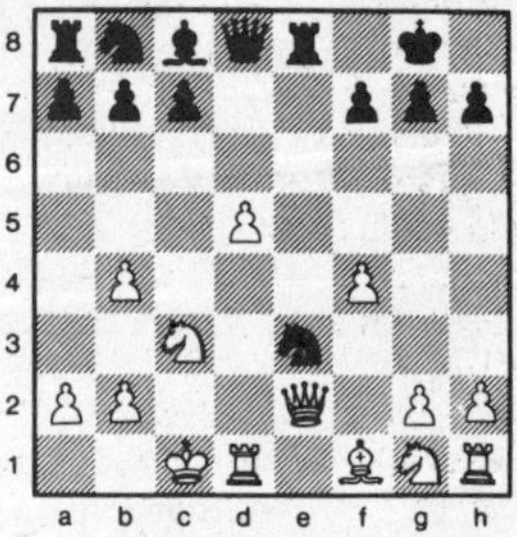

Hier setzt die »Enzyklopädie« mit **12. Te1** fort, was aber wegen 12. . . Sa6 der gefährlichen schwarzen Initiative keinen Abbruch tut. Auch nach **12. Td3** Sf1: 13. Df1: Dd6 14. a3 Lb5 ist Weiß zur Defensive gezwungen.

b)

(1. e4 e5 2. f4 d5 3. ed e4 4. d3 Sf6 5. de Se4:)

6. Lc1–e3

147

6. . . . Dd8–h4+

Dieses Schachgebot ist praktisch erzwungen, da Schwarz sonst außerstande ist, um Ausgleich zu ringen.

Auf **6. . . c6** (auf 6. . . Sd7 ist 7. Sf3 gut) 7. Lc4 Ld6 8. Sf3 0–0 9. 0–0 b5 10. Lb3 c5 11. c4 bc 12. Lc4: ist bei Schwarz keine Kompensation für den geopferten Bauern zu sehen, Kopylow-Rawinski, Leningrad 1950.

Etwas besser ist **6. ..Ld6.** Im Treffen Bronstein-Unzicker, Schacholympia Moskau 1956, hatte Schwarz nach 7. Sf3 0–0 8. Lc4 Sd7 9. 0–0 Te8 10. Te1 Sef6 ausreichendes Gegenspiel. Immerhin ist dies nicht die einzige weiße Möglichkeit. In der Partie Mutschnik-Golubew, Moskau 1956, geschah 8. Ld3! Tc8 9. 0–0 Sf6 10. Se5 Sbd7 11. Sc4 Sf6, und Weiß, hätte er mit 12. Kh1 fortgesetzt, würde bessere Aussichten bewahren.

7. g2–g3 Se4xg3
8. Sg1–f3

Nach dem Qualitätsopfer 8. hg?! Dh1: 9. De2 ist für Schwarz 9. ..Dd5: 10. Sc3 Dd8! 11. Lg2 (oder 11. Td1 Ld6!) 11. ..Le7 12. Sd5 c6 13. Se7: De7: mit klarem Vorteil möglich. Noch überzeugender ist 9. ..Lb4+!, und sowohl nach 10. Sc3 Lc3:+ 11. bc Dd5: 12. Lg2 Dd6 13. Td1 De7, Fernpartie Schaposchnikow-Aratowski 1954/55, als auch nach 10. c3 Ld6 11. Lg2 Dh6 12. Ld4+ Kd8 13. Sf3 Lb4 14. Df2 Te8+ 15. Kf1 Sd7, Tal-Trifunović, Havanna 1963, ist die schwarze Überlegenheit offensichtlich.

8. ... Dh4–e7

Hey hat vorgeschlagen, die Dame auf h5 zurückzuziehen, aber wir raten davon ab, da Weiß bei 8. ..Dh5? 9. hg Dh1: 10. De2 im Vergleich zur Hauptvariante ein wichtiges Tempo gewinnt.

9. h2xg3 De7xe3+
10. Dd1–e2 De3xe2+

Falls 10. ..Lc5 11. Sc3 Df5, so 12. De3:+ Le3: 13. Sh4! mit besseren weißen Ausichten.

11. Lf1xe2 Lc8–g4

In der Partie Wilner-Schuchman, Moskau 1977, kam 11. ..Lf5 12. Kd2 c6 13. Sd4 Ld7 vor, und nach 14. Lf3! Le7 15. 0–0–0 0–0 16. Sc4 war Weiß im Vorteil.

12. Sb1–c3 Lf8–b4
13. Sf3–g5 Lg4xe2
14. Ke1xe2 Lb4xc3
15. b2xc3 h7–h6
16. Ke2–d3 0–0

Wie aus der Partie Spasski-Matanović, Belgrad 1964, hervorgeht, ist es für Schwarz gefährlich, den König im Zentrum zu lassen. In dieser Partie geschah 16. ..Tf8 17. Sf3 Sa6 18. Tae1+ Kd7 19. c4 f6 20. Kd4 b6 21. f5 Sc5 22. Sh4 Tfe8 23. Te6! mit beträchtlicher weißer Überlegenheit. Aber auch bei dem Textzug wird Schwarz seine Schwierigkeiten nicht los.

17. Sg5–e4 Tf8–d8
18. c3–c4 c7–c6
19. Th1–h5!

Beachtenswert ist auch 19. Sc3.

19. ... Sb8–a6
20. d5–d6 b7–b6

148

Der weiße Vorteil in der Diagrammstellung liegt auf der Hand. Die Partie Listengarden-Koslow, Baku 1973, verlief so: 21. Td1 Sc5+ (auf 21. ..Sc7 setzt Weiß mit 22. Ke3 und 23. Tdh1 und 24. g4 fort) 22. Tc5:! bc 23. Kc3 a5 24. Sc5: Kf8 25. a4, und Weiß machte seine Überlegenheit geltend.

c)

(1. e4 e5 2. f4 d5 3. ed e4 4. d3 Sf6 5. de Se4:)

6. Sg1–f3 Lf8–c5

Schlechter ist 6. ..Lg4, weil Schwarz

nach 7. Ld3 f5 8. De2 Dd5: 9. Sc3 (überzeugend genug ist auch 9. Sbd2!) 9. . . Lb4 10. Ld2 in der Entwicklung weit zurückbleibt, Spielmann-Marshall, Mannheim 1914. Auf 6. . . c6 geschieht 7. Sbd2 Sd2: 8. Ld2: (gut ist auch 8. Dd2:) 8. . . Dd5: 9. Ld3 oder 8. . . cd 9. Lc3, und Weiß steht überlegen.
In der Partie Aljechin-Tarrasch, St. Petersburg 1914, wählte Schwarz 6. . . Lf5 7. Le3 c6, und nach 8. Lc4 b5 (weißes Übergewicht ergibt auch 8. . . Da5+ 9. c3 Sd7 10. dc bc, Horn-Thomas, London 1938) 9. Lb3 c5 10. d6! c4 11. Dd5 stand Weiß auf Gewinn.

149

7. Dd1–e2

Neben dem Textzug ist auch Tartakowers Empfehlung beachtlich: 7. Ld3!? Sf2 (7. . . 0–0 8. Le4: Te8 9. Sc3! kommt Weiß zugute) 8. De2+ De7 9. Tf1 (eigentlich hatte Tartakower 9. De7:+ Ke7: 10. Tf1 empfohlen, aber der 9. weiße Zug im vorliegenden Beispiel ist noch stärker) 9. . . Sd3:+ 10. cd De2:+ 11. Ke2:, und für den Bauern hat Schwarz keine Entschädigung. In der Partie Tarassewitsch-Chatschaturow, Moskau 1977, war Weiß nach 11. . . Lg4 12. Le3 Sd7 13. Lc5: Sc5: 14. Sc3 0–0–0 15. Kd2 Lf3: 16. Tf3: eindeutig im Vorteil.

7. . . . Lc8–f5

Fehlerhaft ist **7. . . Lf2+** (oder 7. . . Dd5: 8. Sfd2!) 8. Kd1 Dd5:+, weil Weiß nach 9. Sfd2 f5 10. Sc3 aus dem Handgemenge mit einem Mehrbauern hervorgeht, Konrody-Estrada, Schacholympia Varna 1962.
Wählt Schwarz **7. . . 0–0** 8. De4: Te8 9. Se5 f6, so läßt 10. Ld3 (gut ist ebenfalls 10. Lb5) 10. . . g6 11. Dc4 Sa6 12. b4! Lb4:+ 13. Sd2 fe 14. 0–0 dem Anziehenden nach wie vor im Vorteil.
Auf **7. . . f5** geschieht 8. Le3! (falls 8. Sbd2 0–0 9. Se4: fe 10. De4:, so ist Schwarz nach 10. . . Lf5! zu aktiven Handlungen fähig) 8. . . Dd5: 9. Lc5: Dc5: 10. Sc3, Spielmann-Wolf, Düsseldorf 1908, und falls Schwarz 10. . . 0–0 11. Se4: fe zieht, so kommt Weiß, laut Krause, mit 12. Dc4+ (weniger wirksam ist 12. De4: wegen 12. . . Da5+) 12. . . Dc4: 13. Lc4:+ Kh8 14. Se5 zu besserem Spiel.
In der Partie Zuckerman-Reshevsky, Natania 1971, spielte Schwarz **7. . . De7.** Es folgte 8. Le3! Sa6 9. Lc5: Sac5: 10. Sbd2 0–0 11. 0–0–0 Lf5 12. Sd4 Df6 13. Sf5: Df5: 14. Se4: Se4: 15. Df3 Sd6 16. Ld3 Dd7, und Weiß übersah die Möglichkeit, mit 17. g4! seine Überlegenheit zu verankern.
Nach 8. . . Le3: (anstatt 8. . . Sa6) 9. De3: Sd7 10. Sbd2 Sdf6 11. Se4: Se4: 12. 0–0–0 0–0 13. Ld3 f5 14. The1 steht Weiß ebenfalls viel besser (Arnason-Amore, Groningen 1980).

8. Sb1–c3

Einen groben Fehler stellt »Bilguers« Empfehlung 8. g4? dar; gegen Spielmann mit Schwarz wählte Tarrasch 1923 in Mährisch-Ostrau 8. . . 0–0! und bekam durchschlagenden Angriff (siehe Partie Nr. 9).

8. . . . Dd8–e7

Unbrauchbar ist 8. . . 0–0 9. Se4: Te8 10. Se5 Le4: 11. De4: f6 wegen 12. d6! Dd6: (falls 12. . . cd, so 13. Lc4+ Kf8 14. Dd5) 13. Le3! Le3: 14. Dc4+, Blackburne-Marco, Berlin 1897.

9. Lc1–e3!

Der einzige Zug, mit dem Weiß Überlegenheit erlangt. Bei 9. Se4: Le4: 10. c4 c6! geht der Vorteil auf den Nachziehenden über.

150

9. . . . Lc5xe3

Falls Schwarz versucht, mit **9. . .Sc3:** 10. Lc5: Se2 (oder 10. . .De2:+ 11. Le2: Se2: 12. Ke2: Lc2: 13. Kd2 mit weißem Vorteil) 11. Le7: Sf4: zu vereinfachen und den Bauern zurückzugewinnen, kommt Weiß mit 12. La3! Sd7 13. 0–0–0 Le4 (bei 13. . .0–0–0 geschieht 14. Td4! Sg6 15. g4) 15. . .Lh1: 16. gf g6 17. Lc4 zu durchschlagendem Angriff, Bronstein-Tal, Riga 1968.

Eine ausgezeichnete Angriffsstellung erlangt Weiß auch nach 12. . .Sd5: (statt 12. . .Sd7) 13. 0–0–0 c6 14. Sg5!, Kusnezow-Poscharski, UdSSR 1963.

10. De2xe3 Se4xc3
11. De3xe7+ Ke8xe7
12. b2xc3

151

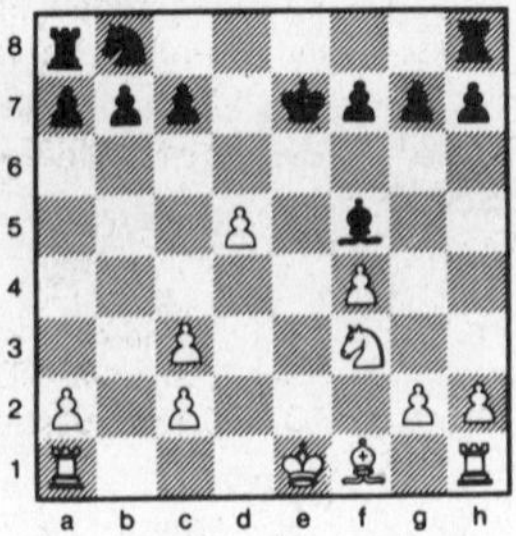

12. . . . Lf5–e4

Der Textzug ist seinerzeit von Spielmann vorgeschlagen worden. Angeblich sollte Schwarz damit ausgleichen. Wie wir zeigen, täuschte sich Spielmann. Doch zuerst sollen die Folgen von **12. . .Lc2:** besprochen werden. Weiß spielt darauf mit Vorteil 13. Kd2, wonach solche Zugfolgen aus der Praxis bekannt sind:

13. . .Lg6 14. Te1+ Kd8 15. Sd4, Whitecroft-Keres, Margate 1939;

13. . .La4 14. Te1+ Kf6 15. Sg5 Kd5: 16. Te4 Le8 17. Td4+, Bronstein-Weisman, Sandomierz 1976;

13. . .Lf5 14. Te1+ Kf6 15. Sd4 Ld7 16. h3 g6 17. g4 Te8 18. Ld3 Te1: 19. Te1: a6 20. g5+ Kg7 21. f5 Kf8 22. f6, Fernpartie Ene-Stranytu, 1976/78.

In allen 3 Beispielen gewann Weiß.

13. Sf3–g5!

Eine wichtige, von Glaskow vorgeschlagene Verstärkung des weißen Spiels, die Spielmann übersehen hatte. Er untersuchte lediglich 13. c4 Lf3: 14. gf Sd7 15. Ld3 Kd6, wonach Schwarz tatsächlich nicht schlechter steht.

13. . . .Le4xd5 14. 0–0–0

152

Obwohl Schwarz materielles Gleichgewicht wiederhergestellt hat, hat er beträchtliche Schwierigkeiten, z.B.:

14. . .La2: 15. c4 b5 16. Kb2! (das ist genauer als 16. cb h6!) 16. . .Lc4: 17. Lc4: bc 18. The1+ Kf6 19. Td4;

14. ..Td8 15. c4 (nach Keres ist 15. Te1+ und 16. Sh7: noch besser) 15. ..Le6 16. Td8: Kd8: 17. Se6:+ fe 18. Ld3 h6 19. Te1! Kd7 20. Te3 und 21. Tg3;

14. ..c6 15. Ld3 (gut ist auch 15. c4 Le6 16. Se6: Ke6: 17. c5!) 15. ..h6 16. The1+ Kd6 17. Sf7:+! Lf7: 18. La6+! Kc7 19. Te7+ Kb6 20. Lb7:, Szimanski-Petrik, Warschau 1971;

14. ..Le6 15. Se6:! fe (oder 15. ..Ke6: 16. Lc4+ Kf6 17. g4 g6 18. g5+ Kg7 19. The1) 16. Lc4 Tf8 (bei 16. ..Sd7 ist 17. Le6:! gut) 17. The1 Tf6 18. f5!, Krnic-Cortlever, Wijk aan Zee 1972.

In allen angeführten Varianten ist die weiße Überlegenheit augenscheinlich.

ZWEITES KAPITEL

Nimzowitsch-Gegengambit

(1. e4 e5 2. f4 d5 3. ed)

3. . . . c7–c6

Erstmalig kam dieses interessante Gegengambit in einer Partie des Zweikampfes Spielmann-Nimzowitsch, München 1907, vor.

153

4. Sb1–c3

Dies geschieht am häufigsten. Beachtenswert ist auch **4. d3,** und falls 4. ..Dd5:, so 5. De2! mit gutem weißem Spiel.

Eine im 1. Band untersuchte Variante des Breyer-Gambits, die für Schwarz günstig ist, ergibt **4. Df3** ef!.

Nimzowitsch wies darauf hin, daß **4. dc** für Weiß gefährlich ist, weil danach 4. ..Sc6: 5. d3 Lc5 6. Sc3 Sf6 7. Sf3 0–0! 8. fe Se5: mit ausgezeichnetem schwarzem Spiel geschehen kann.

Keres empfiehlt 5. Sf3 (statt 5. d3), um auf 5. ..ef mit 6. d4 Ld6 7. c4 zum angenommenen Königsgambit überzugehen. Schwarz kann aber 5. ..e4! 6. Se5 Lc5 spielen, wonach sich seine Initiative ungestört entfaltet, da 7. Sf7:? Dd4! mit Figurenverlust nicht geht.

Nichts bringt **4. De2** ein, worauf 4. ..cd! 5. fe (schlecht ist 5. De5:+ Le7 6. Dg7:? wegen 6. ..Lf6, und Weiß büßt die Dame ein) 5. ..Sc6 erfolgt. Die Partie

Aljechin-Bohner, Karlsbad 1911, verlief so: 6. c3 d4! 7. Sf3 Sge7! 8. d3 Sg6 9. De4 Lc5 10. Sbd2 0–0 11. Sb3 f5, und die schwarzen Aussichten waren besser.

Schwächer als 7. ..Sge7! ist das scheinbar naheliegende 7. ..Lc5, weil Weiß dann imstande ist, mit 8. b4 Lb6 9. b5 Komplikationen hervorzurufen, die ihm zugute kommen. In der Partie Tscheruschew-Solowjow, Moskau 1956, folgte 9. ..Sce7 10. cd Ld4: 11. Sd4: Dd4: 12. Sc3 Sg6 13. La3 S8e7 14. De4 De5: 15. De5: Se5: 16. d4 mit weißer Überlegenheit.

154

4. . . . **e5xf4**

Dieser Übergang in ein dem angenommenen Königsgambit ähnelnden System ist praktisch erzwungen. Wie Rubinstein nachgewiesen hat, ist **4. ..Lb4** 5. Sf3 Lc3: 6. dc e4 7. Se5 cd 8. Lb5+ für Weiß günstig.

Nach **4. ..cd** 5. fe d4 6. Se4 erlangt Weiß gute Aussichten und bewahrt dabei materielles Gleichgewicht, z.B. 6. ..Dd5 7. Ld3! (aber nicht 7. De2 Sc6 8. Sf3 Lg4 9. c4 dc 10. bc 0–0–0 mit aktivem schwarzem Spiel, Tscheremissin-Kantorowitsch, Moskau 1965) 7. ..Sc6 8. De2 Sh6 9. Lc4 Da5 10. Sf3 Lg4 11. Sd6+ mit weißem Vorteil, Opocenstcy-P. Bohner, Baden 1914. In der Partie Teichmann-Marshall aus demselben Turnier geschah 6. ..Sc6 (statt 6. ..Dd5) 7. Sf3 Dd5 8. Sf2 Lf5, aber nach 9. Ld3 Lg6 10. 0–0 hatte Schwarz keine Kompensation für den Bauern.

5. Sg1–f3

Fehlerhaft ist 5. Lc4? Dh4+ 6. Kf1 f3, und bei 5. Df3 Sf6 entsteht eine Abart des Breyer-Gambits, die für Weiß nachteilig ist (siehe 1. Band).

Beachtenswert ist hingegen 5. d4!?, wonach diese Stellung entsteht:

155

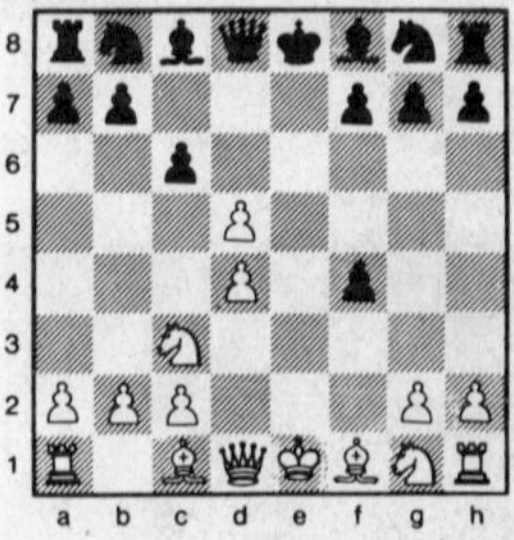

Nach **5. ..Ld6** 6. Lc4 Sf6 gestaltet sich das Spiel zugunsten von Weiß, z.B. 7. De2+ (gut ist auch 7. Sge2) 7. ..De7, und sowohl nach 8. dc Sc6: 9. Sb5 Lb8 10. c3 als auch nach 8. De7:+ Ke7: 9. Sge2! Lf5 (falls 9. ..Sh5, so 10. Se4) 10. 0–0 sind die weißen Chancen vorzuziehen.

Eine zweischneidige Stellung ergibt 5. ..Dh4+ 6. Ke2 Lg4+ 7. Sf3 Ld6. Schlechter ist 6. ..cd (statt 6. ..Lg4+) 7. Sf3 Lg4 wegen 8. Sd5: Lf3:+ 9. gf Ld6 10. De1, und falls 10. ..Dh6, so steht Weiß nach 11. Kd1+ Kf8 12. Lf4: Lf4: 13. Db4+ Db6 14. Db7: Se7 15. Sf4: Df4: 16. Da8: auf Gewinn, Nikitin-Baranow, Moskau 1958. Auch nach 10. ..De1:+ 11. Ke1: Sc6 12. c3 g5 13. h4 sind die weißen Aussichten besser.

5. . . . **Sg8–f6**

Im Treffen Banas-Knezević, Stary Smokovec 1979, geschah 5. ..Ld6 6. d4 Se7 7. dc Sbc6: 8. d5 Sb4 9. Lb5+ Ld7 10. Ld7:+ Dd7:, und nach 11. 0–0

Td8! 12. Kh1 Lb8 büßte Weiß den Bd5 ein.
Weiß sollte nicht mit 6. d4, sondern 6. Lc4! fortsetzen, und falls 6. . . Se7, so 7. 0–0 0–0 8. dc Sbc6: 9. Se4 Lb8 10. d4 mit zweischneidiger Stellung.

6. d2–d4 Lf8–d6

Inkonsequent ist 6. . . Sd5: 7. Sd5: Dd5: 8. Lf4: De4+ wegen 9. De2 De2:+ (auf 9. . . Lf5 ist 10. 0–0–0 gut) 10. Le2: Le7 11. 0–0, und Weiß ist in der Entwicklung weit voraus, Stoltz-Brinckmann, Swinemünde 1932. Auch 6. . . Lb4 7. dc Sc6: 8. Lf4: kommt dem Anziehenden zugute.

156
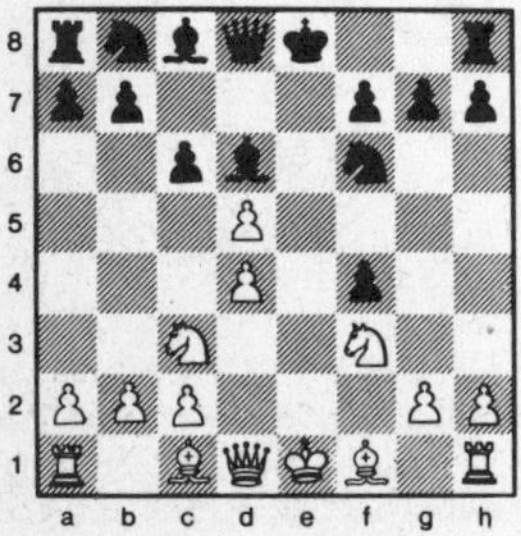

7. Dd1–e2+

Andere weiße Fortsetzungen:
a.) **7. dc** Sc6: 8. Le2 0–0 9. 0–0 Te8 mit gleichem Spiel, – »Bilguer«;
b.) **7. Lc4** De7+! (nach 7. . . 0–0 8. 0–0 entsteht eine Stellung, die im 1. Band besprochen wird) 8. De2 De2:+ 9. Se2: Sd5: 10. Ld5: cd 11. Lf4: Ke7! mit Spielausgleich;
c) **7. Se5** Sd5:! (schlechter ist 7. . . 0–0 8. Lc4!), und falls 8. Sd5:?, so 8. . . Dh4+ mit offensichtlicher schwarzer Überlegenheit;
d.) **7. Le2** Sd5: 8. 0–0 (8. Sd5: wird im Kommentar zur Partie Nr. 10 Estrin-Antoschin besprochen) 8. . . 0–0 9. Sd5: cd 10. Se5, Balaschow-Sydor, Cienfuegos 1975, und nach 10. . . f6! 11. Sd3 g5 würde Schwarz eine feste Stellung erlangen und den Mehrbauern bewahren.

7. . . . Dd8–e7

Riskant ist 7. . . Kf8 8. Se5 cd 9. Lf4:! Sc6 10. 0–0–0 mit besseren weißen Aussichten, z.B. 10. . . Le5: (bei 10. . . Lf5 ist 11. De3 gut) 11. de Lg4 12. Dd2 Ld1: 13. ef Lh5 14. fg+ Kg7: 15. Lh6+ Kg8 16. Dd5 Lg6 17. Lc4, und der weiße Vorteil liegt auf der Hand.

8. De2xe7+ Ke8xe7

157
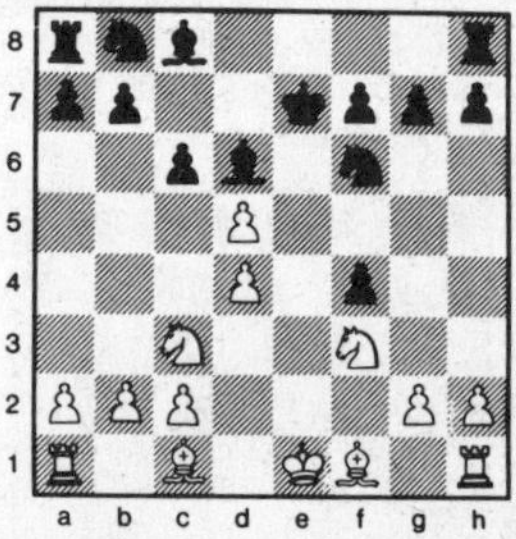

9. Lf1–c4

In manchen Eröffnungshandbüchern wird **9. Se5** empfohlen, aber in Wirklichkeit bringt dieser Zug dem Anziehenden nichts ein. Die Partie Tenenbaum-Estrin, Moskau 1959, ging so weiter: 9. . . Sd5: 10. Sd5:+ cd 11. Lf4: f6 12. Sd3 Sc6 13. 0–0–0 Lf4:+ 14. Sf4: Kd6, und das Spiel war gleich.

9. . . . Lc8–f5

Der Vormarsch 9. . . b5 10. Lb3 b4 ist verfrüht. Nach 11. Se2 Sd5: (bzw. 11. . . cd 12. Lf4: Sc6 13. a3) 12. Ld5: cd 13. Lf4: Lf4: 14. Sf4: Le6 15. a3 ist die weiße Stellung vorzuziehen (Analyse von Tscheremissin).

10. 0–0

Reine Zeitvergeudung bedeutet 10. Lb3, und nach 10. . . cd 11. Sd5:+ Sd5: 12. Ld5: Sc6 13. c3 f6 kommt Schwarz zu einer aussichtsreichen Stellung, Filzer-Neustadt, Moskau 1956.
Auf 10. dc Sc6: 11. Sb5 Lb8 12. 0–0

verfügt Schwarz über den starken Zug 12. ..Td8! mit gleichen Chancen.
Euwe empfiehlt 10. Se5, und falls 10. ..Lc2:, so 11. dc Sc6: 12. Sf7: The8 13. 0–0 mit weißem Vorteil.
Nach 10. 0–0 entsteht folgende kritische Stellung:

158

In der Partie Tscheremissin-Abelman, Moskau 1956, setzte Schwarz mit **10. ..cd** 11. Sd5:+ Sd5: 12. Ld5: Sc6 fort, hatte aber nach 13. c3 f6 nach wie vor einen Bauern weniger.
Die Theorie empfiehlt 10. ..Lc2:, und falls 11. Se5, so 11. ..b5! mit gleichen Aussichten. Weiß kann jedoch stärker spielen, z.B.:
a.) **11. Te1+** Kf8 12. dc! (aber nicht 12. Se5 b5!) 12. ..Sc6: und weiter entweder 13. Sb5 Lb8 14. Se5 oder 13. Se5 Se5: 14. de Lc5+ 15. Kf1, in beiden Fällen mit weißem Vorteil;
b.) **11. dc** Sc6: 12. Sb5 Lb8 13. d5 Sa5 14. d6+ Kf8 15. b3 Sc4: 16. bc, und die weiße Überlegenheit ist entscheidend (Analyse von Glaskow).
Wir kommen zur Schlußfolgerung, daß das Nimzowitsch-Gegengambit zwar interessant ist, dem Nachziehenden aber keinen Ausgleich gewährt.

DRITTES KAPITEL

Abgelehntes Gegengambit

(1. e4 e5 2. f4 d5)

159

3. Sg1–f3

In früheren Zeiten galt das Falkbeer-Gegengambit beinahe als Widerlegung von 2. f4, so daß Weiß, um kein Risiko einzugehen, vom objektiv stärksten 3. ed absah und andere Möglichkeiten wählte. Wie wir aber gesehen haben, besteht für Weiß aber kein Grund dazu. Neben dem Textzug sind folgende Fortsetzungen bekannt:
a.) **3. Sc3** d4 (3. ..Sf6 führt zur Wiener Partie; möglich ist auch 3. ..ef, und falls 4. Df3, so 4. ..de 5. De4:+ Le7 mit gutem schwarzem Spiel) 4. Sce2 Sc6 5. Sf3 Ld6 6. fe Le5:, und in der Partie Basman-Garcia, Hastings 1974/75, kam Schwarz nach 7. c3 d3 8. Sed4 Ld4: 9. cd Sd4: zu ausgezeichnetem Spiel. Besser als 7. c3 sieht 7. d3 aus, und falls 7. ..Lg4, so 8. Dd2! Lf3: 9. gf Dh4+ 10. Kd1, Milner-Barry–Keres, Margate 1937, und nach 10. ..f5 11. Dg5 Dg5: 12. Lg5: h6 sind die Aussichten gleich.
b.) **3. d4** ed! 4. Dd4: Sc6! 5. Lb5 (oder 5. Dd5: Dd5: 6. ed Sb4) 5. ..de 6. De4:+ und weiter 7. ..Sf6 mit besseren schwarzen Aussichten.

3. . . . d5xe4

Bei dem Zug v. Bardelebens 3. ..Sc6 setzt Weiß am einfachsten mit 4. ed Dd5: 5. Sc3 De6 6. fe! Se5: 7. Se5: De5:+ 8. De2 fort, wobei er den Gegner in der Entwicklung überholt.

Keine Gefahr birgt für Weiß das selten vorkommende 3. ..Lg4, da er mit 4. h3! (gut ist auch 4. Le2) 4. ..Lf3: 5. Df3: de 6. De4: Dh4+ 7. Kd1 Sd7 8. Db7: Tb8 9. Dc7: Sgf6 10. Sc3 klare Überlegenheit erlangt.

Komplizierte Aufgaben rollt vor Weiß hingegen 3. ..Lc5 auf.

160

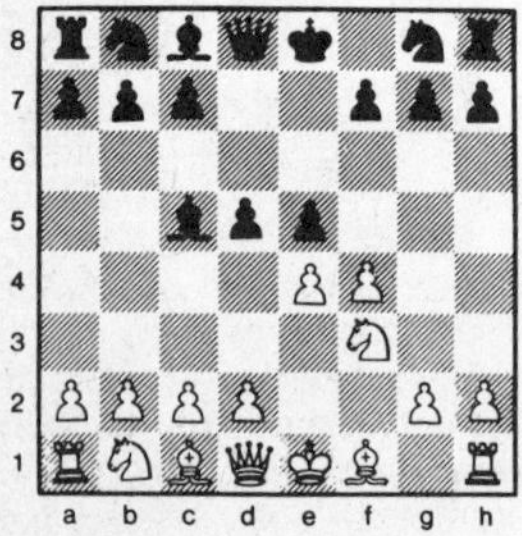

Dieselbe Stellung kann auch im abgelehnten Königsgambit nach 1. e4 e5 2. f4 Lc5 3. Sf3 d5 entstehen. Weiß verfügt über folgende Möglichkeiten:

a.) **4. ed** e4. In der Partie Landau-Tschigorin, Warschau 1882, wählte Weiß danach 5. Se5 Sf6 6. d4, aber nach 6. ..ed! 7. Ld3: Sd5: kam Schwarz zu besserem Spiel. In der Partie Tschepurnow-Balabanow, St. Petersburg 1900, geschah 5. De2 Sf6 6. d4, und Schwarz könnte mit 6. ..0–0! in Vorteil kommen.

Am stärksten ist nach 4. ..e4 der Zug 5. d4!, und laut Euwe ergibt 5. ..ed! 6. Db3: (oder 6. Ld3: Se7) 6. ..Sf6 7. De2+ Le7 etwa ausgeglichenes Spiel;

b.) **4. Se5:** Sf6! (aber nicht 4. ..de 5. Lc4!) 5. d4. In der Partie Jörgensen-Larsen, Dänemark 1953, ließ sich der Nachziehende vom Abspiel 5. ..Se4:? 6. dc Dh4+ 7. g3 Sg3: hinreißen. Zum Glück für Larsen übersah sein Gegner die Möglichkeit, mit 8. hg! Dg3:+ 9. Ke2 klare Überlegenheit zu erlangen. Die richtige Fortsetzung lautet 5. ..Lb6!. In der Fernpartie Wien-Innsbruck 1865 geschah danach 6. ed Dd5: 7. Le3 Sc6 8. Sc3, und 8. ..La5! hätte Schwarz gleiches Spiel eingebracht;

c.) **4. Sc3.** In der Partie Larsen-Perez, Dortmund 1969, zog Schwarz darauf 4. ..Sf6, da er bei eventuellem 5. fe mit 5. ..Se4: den Übergang in die Wiener Partie plante. Die Partie verlief jedoch ganz anders. Schon nach 5. De2! 0–0 6. fe Se4: 7. Se4: de 8. De4: Sc6 9. c3 Le6 10. d4 (gut ist auch 10. Lc4!) 10. ..Ld5 11. Dg4 war Weiß im Vorteil. Weiter geschah 11. ..Lf3: 12. gf Sd4: 13. cd Ld4: 14. Lg5 Dd5 15. 0–0–0 Lb2:+ 16. Kb2: Dd1: 17. Lh6 g6 18. e6 Dd6 19. Lc4, und Weiß gewann.

Statt 4. ..Sf6 ist 4. ..d4! beachtlich, und falls 5. Se2, so 5. ..Sc6 6. d3 Lg4 mit gleichem Spiel. Ausgesprochen schlecht ist 5. Sa4, wofür die Partie Erzukowski-Lipski, Warschau 1974, einen anschaulichen Beweis liefert: 5. ..Ld6 6. fe Le5:! 7. Se5: Dh4+ 8. g3 De4:+ 9. De2 Dh1: 10. Sg6+ Le6 11. Sh8: Sd7, und falls 12. d3 (empfohlen von K. Pytel), so käme Schwarz mit 12. ..Sgf6! 13. Lf4 0–0–0 14. 0–0–0 Dc6 15. b3 Lg4 klar in Vorteil.

Doch zurück zur Textfortsetzung 3. ..de.

4. Sf3xe5

(Diagramm 161)

In dieser Ausgangsstellung des abgelehnten Gegengambits müssen folgende vier Abspiele in Betracht gezogen werden: **A. 4. ..Sf6, B. 4. ..Sc6, C. 4. ..Sd7** und **D. 4. ..Ld6.**

Erwidert Schwarz 4. ..Le6, dann sind nach 5. Sc3 f5 (oder 5. ..Sf6 6. De2) 6. d3! Sf6 7. Ld2 Ld6 8. De2 die weißen Aussichten besser.

161

Auf **4. . . Lc5** 5. Dh5 (falls 5. Sf7:!, so 5. . . Dd4) 5. . . De7 dürfte es für Weiß gefährlich sein, die Empfehlung von »Bilguer« 6. Sf7: zu befolgen, da Schwarz mit 6. . . Sf6! 7. Sd6:+ Kd8 8. Dc5: cd 9. Df2 Tf8 beträchtliche Aktivität entfaltet, Kübart-Schmidt, Berlin 1940. Den richtigen Plan wählte Weiß in der Partie Selewinski-Rawinski, Moskau 1961, die so verlief: 6. Lc4! g6 7. De2 Sh6 8. Sc3 Sd7 9. Sd5 Dd6 10. De4: 0–0 11. b4! c6 12. bc Sc5: 13. Sf7: Sf7: 14. Se7+, und Weiß stand auf Gewinn.

A.

4. . . . **Sg8–f6**
5. Lf1–c4

Zwecklos ist 5. d4 ed (gut ist auch 5. . . Le6) 6. Dd3: wegen 6. . . Dd3: 7. Ld3: Lc5, wonach Schwarz keine Schwierigkeiten hat.

162

5. . . . **Lf8–c5**

Dieses Opfer ist erzwungen, sonst geschieht **5. . . Le6** 6. Le6: fe 7. Sc3 Lc5 8. De2, und Weiß erlangt mühelos Vorteil, Lasker-Boskamp 1911.

6. Lc4xf7+

Aber nicht 6. Sf7: Dd4 7. De2 Lg4 8. Tf1 Tf8 mit starkem schwarzem Angriff.

6. . . . **Ke8–e7**
7. Lf7–b3

Nach 7. De2 Sc6 8. Lb3 Tf8 9. Sc6:+ bc 10. Sc3 Dd4 kommt Schwarz zu gutem Spiel, v. Holzhausen-Herrmann, Wien 1898.

7. . . . **Th8–e8**

Klare weiße Überlegenheit ergibt sich nach 7. . . Tf8 8. d3 Sc6 9. Sc3 Dd4 10. De2 Se5: 11. fe De5: 12. Le3.

8. Dd1–e2 **Ke7–f8**
9. De2–c4 **Dd8–e7**
10. Sb1–c3!

Der Damentausch 10. Df7+ Df7: 11. Lf7: Te7 12. Lc4 ist verfrüht, da nach 12. . . Sbd7! 13. Sd7: Ld7: die bessere Entwicklung den Minusbauern mehr als wettmacht.

10. . . . **Lc8–e6**
11. Dc4xe6 **De7xe6**
12. Lb3xe6 **Te8xe6**

163

A. Simon, der die vorliegende Variante entwickelt hat, setzte hier mit **13. b3?** fort, aber nach 13. . . Ld4 14. Sc4 e3 zieht nur Schwarz daraus Nutzen. »Bilguer« empfiehlt **13. Kd1,** und falls

13. ..Ld4, so kommt Weiß mit 14. Te1 Le5: 15. fe Te5: 16. d4 und weiterem Lg5 in Vorteil. Nach 13. Kd1 dürfte für Schwarz 13. .. Sc6! 14. Sc6: bc mit gewisser Kompensation für den Minusbauern besser sein.

B.

(1. e4 e5 2. f4 d5 3. Sf3 de 4. Se5:)

4. . . . Sb8–c6

Dieses Abspiel ist Ende der 30er Jahre von A. v. Claparède eingehend untersucht worden.

164

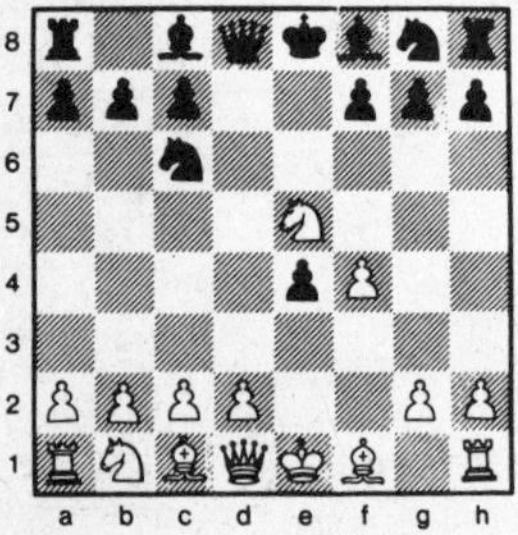

5. Lf1–b5

Nach 5. Sc6: bc 6. d4 Dd5 oder 6. .. Sf6 hat Schwarz keine Schwierigkeiten.

5. . . . Lc8–d7

Neben dem Textzug kommt auch 5. .. Sf6 vor. Möglich ist weiter 6. De2 Ld7, wonach für Weiß 7. Sc3 mit Übergang zur Hauptvariante am besten ist. Die Empfehlung der »Enzyklopädie« 7. Lc6: ist zweifelhaft wegen 7. ..Lc6:! (aber nicht 7. ..bc? 8. Sc3 mit weißer Überlegenheit) 8. Sc6: bc 9. Sc3, und sowohl nach 9. .. Dd4 10. d3 Lb4 als auch nach 9. ..Lc5 10. Se4: 0–0! steht Schwarz vortrefflich.

Unzulänglich ist auch 6. Sc6: bc 7. Lc6:+ Ld7 8. Ld7:+ (aber natürlich nicht 8. La8:?? Lg4) 8. ..Dd7: 9. d4 ed 10. Dd3: Dd3: 11. cd, weil Schwarz nach 11. .. 0–0–0 bequemes Spiel hat (»Enzyklopädie«).

Statt der angeführten Fortsetzung ist folgende Variante von großem Belang: 6. d4 ed 7. Sc6: (gut sind für Schwarz hingegen die Fortsetzungen 7. Sd3: Lg4 oder 7. Ld3: Se5: 8. fe Sg4 oder schließlich 7. Dd3: Lc5! 8. Dd8:+ Kd8: 9. Sc6:+ bc 10. Lc6: Tb8 Analyse von v. Claparède) 7. .. bc 8. Lc6:+ Ld7 9. La8: Da8:. Dabei entsteht diese Stellung:

165

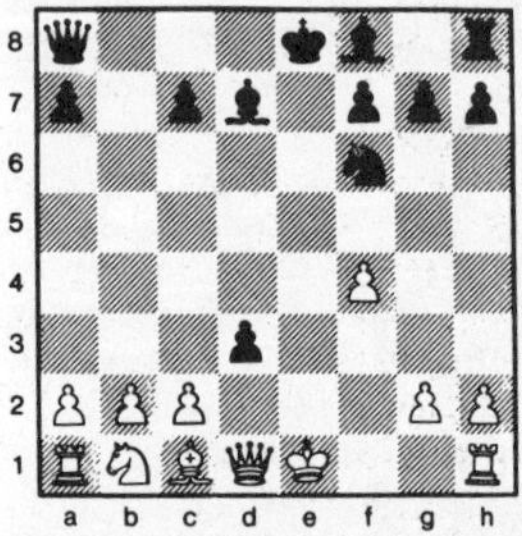

Die »Enzyklopädie« gibt hier ohne weiteres dem Nachziehenden den Vorzug. Wir teilen diese Meinung nicht.

v. Claparède führt seine Analyse so weiter: 10. Dd3: (auf 10. Le3 ist 10. .. Lb4+ gut, und falls 11. c3, so 11. .. Dg2: 12. Tg1 Db2:, mit beträchtlicher schwarzer Überlegenheit) 10. ..Lc5 11. Le3! (fehlerhaft ist 11. De2+ Kd8!) 11. .. Le3: 12. De3:+ Kd8 13. 0–0 Te8 14. Dg3, und für die Qualität hat Schwarz keine ausreichende Entschädigung.

6. Sb1–c3

Mit 6. Sc6: Lc6: 7. Lc6: bc erreicht Weiß nichts, da 8. De2 Sf6 zu einer Abzweigung der Hauptvariante führt, die für Schwarz günstig ist, während nach 8. 0–0 Lc5+ 9. Kh1 Sf6 Schwarz zu aktivem Spiel kommt.

Zieht Weiß sofort 6. De2, dann entsteht nach 6. .. Se5:! 7. fe c6 8. Lc4 Dh4+ 9. g3 Dg4 10. Sc3 De2:+ eine Stellung, die v. Claparède eingehend untersucht hat. Daraus geht hervor, daß sowohl

11. Le2: f5 als auch 11. Se2: Lc5 für Schwarz günstig sind.
Schwarzen Vorteil ergibt auch 6. Sd7: Dd7: 7. 0–0 (falls 7. d4 ed 8. Ld3: Lc5 9. De2+, so 9. ..Kf8!, und Schwarz reißt die Initiative an sich) nach 7. ..Lc5+ 8. Kh1 0–0–0 9. d3 Sf6 10. Sc3 a6! (weniger verspricht 10. ..ed 11. Dd3: De7 wegen 12. Dh3+ Kb8 13. f5! mit weißen Gegenchancen) 11. Lc6: Dc6: 12. De2 The8 13. de Se4: 14. Se4: Te4:.

6. ... Sg8–f6

Der Textzug ist besser als das von v. Claparede vorgeschlagene 6. ..Se5: 7. fe Lb5: (nach 7. ..c6 8. Lc4 Dh4+ 9. g3 Dg4 10. Tf1 sind die weißen Aussichten besser) 8. Sb5: De7 9. De5:, worauf Euwe 10. d4! de7 11. Lf4 mit weißer Überlegenheit empfiehlt.

7. Dd1–e2

166

In dieser kritischen Stellung fällt es nicht leicht, eine für Schwarz akzeptable Fortsetzung zu nennen. Auf **7. ..Sd4** geschieht die von Alapin vorgeschlagene forcierte Variante 8. Sd7: Se2: 9. Sf6++ Ke7 10. Sfd5+ Ke6 11. Le2:, und der Anziehende ist zweifellos im Vorteil. Einen besseren Eindruck macht **7. ..Le7** 8. Se4:: Se4: 9. Sd7: Dd7: 10. De4: 0–0, obwohl Weiß auch in diesem Fall nach 11. 0–0 Lc5+ 12. Kh1 Tfe8 13. Dc4 De7 14. Lc6: bc 15. b3! und 16. Lb2 mit dem Mehrbauern bessere Aussichten hat.

C.

(1. e4 e5 2. f4 d5 3. Sf3 de 4. Se5:)

4. ... Sb8–d7

167

Eine logische Fortsetzung. Der weiße Springer in der Brettmitte ist dem Nachziehenden ein Dorn im Auge.

5. d2–d4

Neben dem Textzug ist auch **5. De2** bekannt, wonach diese Stellung entsteht:

168

Für Schwarz ist es riskant, mit **5. ..Se5:** 6. fe (falls 6. De4:, so 6. ..Sf6 7. De5:+ mit äußerst aktivem schwarzem Spiel) 6. ..Dd4 7. Sc3 De5: 8. d4 Dd4: das doppelte Bauernopfer anzunehmen, da Weiß nach 9. Le3 gefährliche Initiative entfaltet. In der Partie Arzukewitsch-Klaman, Leningrad 1956, mußte Schwarz nach 9. ..De5 (bei 9. ..Dd8 ist 10. Td1 Ld6 11. Se4: möglich) 10. 0–0–0 Ld7 11. Sd5 0–0–0 12. Lf4 De6

13. Lc7: Te8 14. De3 Sf6 15. Da7: die Segel streichen.

Stärker als 7. ..De5: ist 7. ..Lf5! und nach 8. Db5+ c6 9. Db7: Tc8 10. Le2 De5: 11. Tf1 Sf6 12. d4 ed 13. cd Lc5 14. Lf4 De6 hat Schwarz gutes Spiel (Koptew-Estrin, Moskau 1940).

In der Diagrammstellung ist für Schwarz **5. . . Sgf6** 6. Sc3 Sc5 7. d3 ed! 8. Sd3:+ De7 mit Ausgleich möglich. In der Partie Perlis-Cohn, St. Petersburg 1909, wählte Schwarz 7. . . Ld6 (statt 7. .. ed) 8. de 0–0, und, wie Lasker zeigte, war für Weiß 9. Ld2! Te8 10. 0–0–0 Le5: 11. fe Lg4 12. De3 Te5: 13. Dg3 De7 (falls 13. ..Te8, so 14. Lh6) 14. Te1 Sce4: 15. Se4: Te4: 16. Ld3 mit gefährlichen Drohungen möglich.

5. . . . e4xd3

6. Se5xd3

Die Fortsetzung 6. Ld3: Se5: bringt den Anziehenden in Schwierigkeiten, z.B. 7. fe Lc5! 8. Lb5+ Ld7 9. Ld7:+ Dd7: 10. Dd7:+ Kd7: 11. Tf1 f6! 12. ef Sf6: mit schwarzem Vorteil, Marshall-Duras, New York 1913.

Im Vergleich zu 7. fe bietet 7. De2 mehr Sicherheit, und falls 7. . . Dd4, so nicht 8. fe? Lc5 mit schwarzem Vorteil, Tschigorin-Duras, Karlsbad 1907, sondern 8. Sc3! Lb4 9. Ld2 mit annähernd gleichen Aussichten.

6. . . . Sg8–f6

169

7. Sb1–c3

Gleichwertig ist die Fortsetzung **7. Df3.** Falls Schwarz darauf 7. . . Sc5 erwidert, so sind nach 8. De3+ Sce4 9. Sd2 Lf5 (oder 9. ..De7 10. Se5) 10. Se4: Le4: 11. Sf2 De7 12. Se4: De4: 13. Ld3 die Aussichten des Anziehenden, dank seinem Läuferpaar, etwas besser. Auch 7. . . Le7 ist für Weiß, wie wir weiter unter Punkt c) zeigen, günstig. Richtig ist 7. ..Sb6, und nach 8. Sc3 mündet das Spiel nun in die Hauptvariante.

7. . . . Sd7–b6!

Mit anderen Erwiderungen erreicht Schwarz keinen Ausgleich, z.B.:

a.) **7. ..c6** 8. Le3 Ld6 9. Df3 0–0 10. 0–0–0 Sb6 11. Se5 mit weißer Initiative, Randvijr-Kondratjew, Tallinn 1949;

b.) **7. . . Ld6** 8. De2+ Le7 (auf 8. ..De7 ist 9. Sb5! gut) 9. Le3 0–0 10. 0–0–0 c6 11. g4 Sb6 12. Se5 Dc7 13. Lg2 mit weißer Überlegenheit, Filzer-Solnzew, Moskau 1955;

c.) **7. . . Le7** 8. Df3 0–0, worauf Tartakower 9. Le3 empfahl; antwortet Schwarz darauf 9. ..c6, dann geschieht 10. 0–0–0 Da5 11. g4 Sb6 12. f5 Sc4 13. g5 mit gefährlichem weißem Angriff, falls aber Schwarz 9. ..Sb6 wählt, so ist 10. Se5 Lf5 11. Ld3! Ld3: 12. 0–0–0 mit besseren weißen Aussichten möglich.

Neben 9. Le3 ist 9. Ld2 beachtlich. Die Partie Bernstein-Schebarschin, Mannschaftstreffen Moskau-Leningrad 1927, verlief so: 9. . . Sc5 10. Se5! Ld6 11. 0–0–0 c6 (falls 11. . . Le5: 12. fe Lg4, so 13. Dg3 Ld1: 14. ef) 12. h3 Dc7 13. g4, und Weiß besaß Initiative. In der Partie Farkasz-Szely, Budapest 1972, zog Schwarz unverzüglich 9. . . c6 (statt 9. . . Sc5), aber nach 10. 0–0–0 Dc7 11. g4! b5 12. g5 Sd5 13. Tg1 S7b6 14. f5! kam Weiß zu gefährlichem Angriff.

8. Dd1–f3

8. Le2 ergab in der Partie Lutikow-Nikitin, Tbilissi 1959, nach 8. ..Ld6 9. 0–0

0–0 10. Lf3 c6 annähernd gleiches Spiel.

8. . . . **Lf8–d6!**

170

Den Haupttext entnehmen wir der Partie Nenarokow-Romanowski, Moskau 1925. Weiter geschah **9. h3** 0–0 10. Le3 Sc4 11. 0–0–0 Se3: 12. De3: c6 13. g4 Db6! 14. Db6: a6 15. f5! Te8 16. Lg2 Lg3 mit zweischneidigem Spiel und beiderseitigen Chancen.

D.

(1. e4 e5 2. f4 d5 3. Sf3 de 4. Se5:)

4. . . . **Lf8–d6**

Schon im vorigen Jahrhundort kam dieses sichere Abspiel am häufgisten vor.

171

5. d2–d4

Auf 5. Lc4 Le5: 6. fe soll Schwarz nicht 6. . . Dd4 7. De2 De5: 8. d4! Dd4: 9. Sc3 Sf6 10. Le3, wie in der bekannten Partie Anderssen-Schallopp, Breslau 1865, ziehen, sondern 6. . . Sc6! 7. De2 (falls 7. e6, so 7. . . Le6) 7. . . Lf5 8. Lb5 Se7 mit gleichem Spiel.

Auf **5. De2** lautet die richtige Fortsetzung 5. . . Sf6 6. d4 ed 7. Sd3:+ Le7!, und nach 8. Se5 0–0 9. Sc3 Sc6 gibt Euwe Schwarz den Vorzug.

5. . . . **e4xd3**

Hier sind auch andere Abspiele bekannt, z.B.:

a.) **5. . . Sf6** 6. Lc4 0–0 7. 0–0 c5 8. Le3 Dc7 9. Sc3 cd (falls 9. . . a6, so 10. Ld5!) 10. Sb5 Db6 11. Dd4: Le5: 12. fe Sg4 13. Tae1 mit aussichtsreicher weißer Stellung, Nürnberg 1895;

b.) **5. . . Le6** 6. Lc4? (richtig ist 6. Sc3 Sf6 7. Le2 0–0 8. 0–0 mit ausgeglichenem Spiel) 6. . . Lc4: 7. Sc4: Sc6 8. c3 f5 9. Db3 Dc8 10. Sbd2 Sf6 11. Sf1 Sd8, und Schwarz steht gut, Tschigorin-Janowski, Wien 1898.

6. Lf1xd3

Wie aus der Partie Blackburne-Marco, Hastings 1895, hervorgeht, erleichtert 6. Sd3: die Aufgaben des Nachziehenden. Diese Partie verlief so: 6. . . Sf6 7. Le2 (auf 7. De2+ ist 7. . . Le7! gut) 7. . . 0–0 8. 0–0 Sc6 9. Sc3 Sd4, und nach Lf3 Te8 dürfte Schwarz eine gewisse Überlegenheit haben. Zwar konnte Weiß statt 10. Lf3, die Fortsetzung 10. Le3 Se2:+ 11. De2: Te8 12. h3 wählen, aber nach 12. . . b6 stünde Schwarz besser.

6. . . . **Sg8–f6**

Nach 6. . . Sd7 (auf 6. . . Lc5 ist 7. De2 gut) 7. Sc4 De7+ 8. De2 De2:+ 9. Le2: Lc5 10. Le3 sind die weißen Aussichten besser.

7. 0–0 **0–0**

8. Sb1–c3

(Diagramm 172)

8. . . . **Sb8–d7!**

Schwarz sollte dem Bauern mit **8. . . Le5:** 9. fe Dd4+ 10. Kh1 De5: nicht nachjagen, sonst geschieht 11. Lf4 Dc5 12. Lc7:!, und falls 12. . . Dc7:, so

172

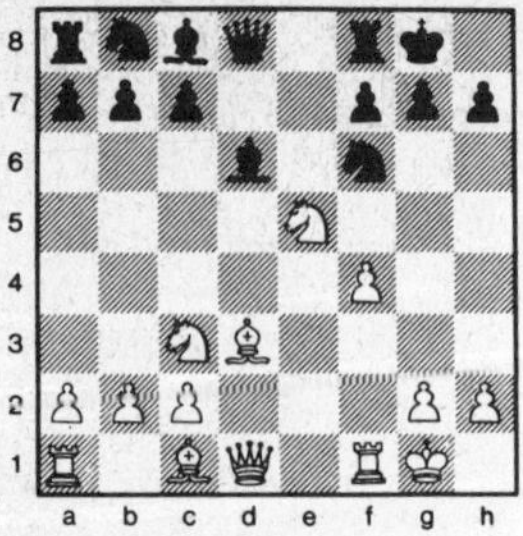

13. Tf6:! mit offensichtlichem weißem Vorteil, Tarrasch-Eckhart, Nürnberg 1906. Kriecht Schwarz dem Qualitätsgewinn auf den Leim, dann kommt Weiß zu entscheidendem Angriff: 9. .. Sg4 (statt 9. .. Dd4+) 10. Lf4 Dd4+ 11. Kh1 Sf2+ 12. Tf2: Df2: 13. Dh5 h6 14. Tf1 (Analyse von Alapin).

Keine Erleichterung bringt die Fortsetzung **8. .. Sc6** 9. Sc6: bc 10. Df3 Tb8. In der Partie Tschigorin-Trenchard, Wien 1898, war Weiß nach 11. Tb1 Lc5+ 12. Kh1 Sg4 13. Dg3 f5 14. h3 Sf6 15. Sa4 im Vorteil. Im Treffen Maljutin–Snosko-Borowski, St. Petersburg 1905, verlief das Spiel so: 11. Se4 Se4: 12. Se4: c5 13. Ld2! Tb2: 14. Lc3 Tb6 15. Dh5 f5 (auf 15. .. g6 geschieht 16. Dh6 f6 17. Lg6: hg 18. Dg6:+ und 19. Tf3) 16. Ld5+ Kg8, und nach 17. Lf7! c4 (oder 17. .. Le7 18. Tad1! Ld7 19. Td3) 18. Tad1 Lc5+ 19. Kh1 De7 20. Le4: war die weiße Stellung vorzuziehen.

9. Se5xd7

Bei 9. Sc4 ist für Schwarz 9. .. Sc5 10. Sd6: Dd6: mit Ausgleich am besten. Weniger verspricht 9. .. Lc5+ 10. Le3! Te8 11. Df3 Le3:+ 12. Se3: Sc5 wegen 13. Tad1 Sd3: 14. Td3: De7 15. Sed5 mit weißer Überlegenheit, Tschigorin-Janowski, St. Petersburg 1900.

9. . . .   Dd8xd7

Oder 9. .. Ld7: 10. Se4! mit gleichen Aussichten.

173

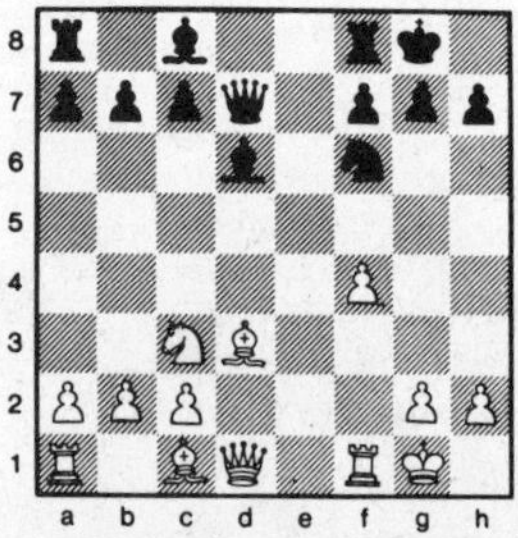

In der Diagrammstellung hat Schwarz keine Schwierigkeiten. Sowohl **10. Se4** als auch **10. f5** ergeben ausgeglichenes Spiel.

Weniger überzeugend ist **10. Df3** Tb8 11. f5 b6 12. Lg5 wegen 12. .. Lb7 13. Dh3 Sd5 14. Se4 f6 15. Ld2 Tbe8 mit gutem schwarzem Spiel, Tschigorin-Walbrodt, Hastings 1895.

PARTIENTEIL

Partie Nr. 1

P. Barlet-L. Portisch
Portoroz-Ljubljana 1975

1. e4 e5 2. Sc3 Sc6 3. f4 ef 4. d4 Dh4+ 5. Ke2 d6
Die Theorie hält diese Fortsetzung für die stärkste.
6. Sf3 Lg4 7. Lf4: 0–0–0 8. Ke3 Dh5 9. Le2 g5!

174
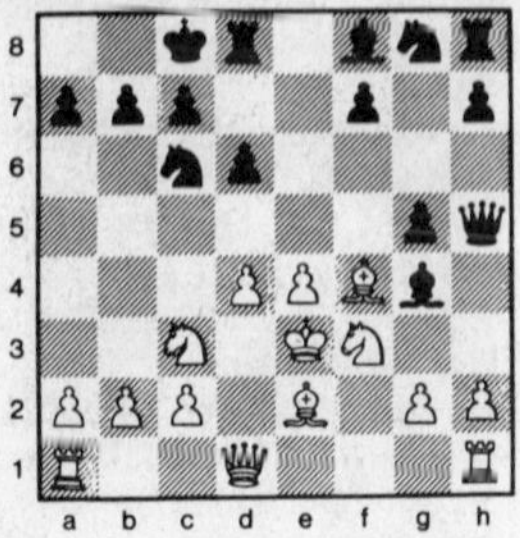

Eine wichtige Verstärkung des schwarzen Spiels, die von L. Portisch stammt. Dadurch erhält Schwarz die Möglichkeit, einen gefährlichen Angriff auf die exponierte Stellung des weißen Königs zu entfalten.
10. Sg5: Sf6!
Einstweilen beeilt sich der ungarische Großmeister nicht, den Gang der Ereignisse zu beschleunigen. Er opfert einen Bauern und setzt die Entwicklung seiner Kräfte fort.
11. h3
Zu diesem Zuge bestand keine Notwendigkeit. Einen besseren Eindruck macht 11. Sf3.
11. ..Le2: 12. De2: Dg6

Im nachträglichen Kommentar zu dieser Partie wies Portisch darauf hin, daß Schwarz auch ein anderer starker Plan zur Verfügung stand, nämlich 12. ..Lh6!? 13. Dh5: Sh5: 14. g3 Sg3: 15. Sf7: Lf4:+ 16. Kf4: Tdf8 17. Kg3: Tf7:, und dank der Drohung 18. ..Tg8+ gewinnt Schwarz den Bauern zurück, wonach er im Vorteil ist.
13. d5?
Das ist schon ein ernster Fehler. Besser war 13. b4!, und falls 13. ..Sb4:, so 14. Tab1 mit weißem Angriff; falls aber 13. ..Lh6, so 14. h4 mit etwa gleichen Aussichten.
13. ..Se5 14. Sf3 Lh6 15. Lh6: Dh6:+ 16. Kf2 Thg8
Die aktive schwarze Stellung macht den Minusbauern mehr als wett. Alle schwarzen Figuren sind ausgezeichnet postiert.
17. Thg1 Kb8 18. Dd2 Dg6 19. Df4

175

19. ..Sh5!
Indem Schwarz noch einen Bauern opfert, erlangt er entscheidenden Vorteil.
20. Se5: de 21. De5: Tde8 22. Dd4
Weiß trifft auf diese Weise Vorkehrungen gegen das Schachgebot Db6+,

doch seine Lage ist sowieso aussichtslos.

22. . . Sg3 23. Tae1 Sf5! 24. Dd3 Db6+
Weiß ist außerstande, sich zu verteidigen.

25. Ke2 Tg3 26. Dc4 De3+ 27. Kd1 Dg1:!
Weiß gab sich geschlagen.

Partie Nr. 2

W. Erdeli-A. Betulin
Kiew 1886

1. e4 e5 2. f4 ef 3. Sf3 g5 4. h4 g4 5. Sg5 h6 Sf7: Kf7: 7. d4
Die Anfangszüge dieser Partie entsprechen dem angenommenen Königsgambit, das im 1. Band untersucht ist. Doch, wie wir sehen, mündet das Spiel mit Zugumstellung in das Hampe-Allgaier-Gambit, das im 1. Teil des 2. Bandes besprochen wird.
Eine ähnliche Zugumstellung ist auch in der nächsten Partie vorgekommen.

7. . . d6
Ein zweifelhafter Zug, der Weiß ermöglicht, die f-Linie zu öffnen und dadurch zu gefährlicher Initiative zu kommen. Richtig ist 7. . . f3, worauf wir im theoretischen Teil hingewiesen haben.

8. Lc4+ Kg7 9. Lf4: Sc6 10. Sc3

176

10. . . Sf6
Hätte sich der schwarze König auf e8 oder g6 zurückgezogen, dann könnte Schwarz den Läufer nach g7 entwickeln.

11. Dd2 Le7
Nach 11. . . Sh5!? wäre Schwarz zu zäherem Widerstand fähig.

12. 0-0-0
In der Fernpartie Schabelski-Tschigorin 1886 geschah 12. 0-0 Se4: und, wie Tschigorin zeigte, würde 13. Se4: d5 14. Lb5! de 15. Lc6: bc 16. Le5+ weißen Vorteil ergeben.

12. . . Sh5
Auch hier ist 12. . . Se4: 13. Se4: d5 zweifelhaft, weil der Anziehende nach 14. Sg3 dc 15. d5 Sb8 16. Dd4+! Kg8 17. d6! klar im Vorteil ist.

13. Tdf1
Selbstverständlich geht 13. . . Lh4: wegen 14. g3 nicht.

13. . . Sf4: 14. Tf4: Lh4: 15. Tf7+ Kg6 16. Dd3 Sb4
Bei 16. . . Lg5+ 17. Kb1 Se7 spielt Weiß 18. Thf1! mit Vorteil.

17. Df1! Tg8 18. a3 Sc6 19. Sd5 Lg5+ 20. Sf4+ Lf4: 21. Df4: Dg5 Schwarz erzwingt Damentausch. Aber

177

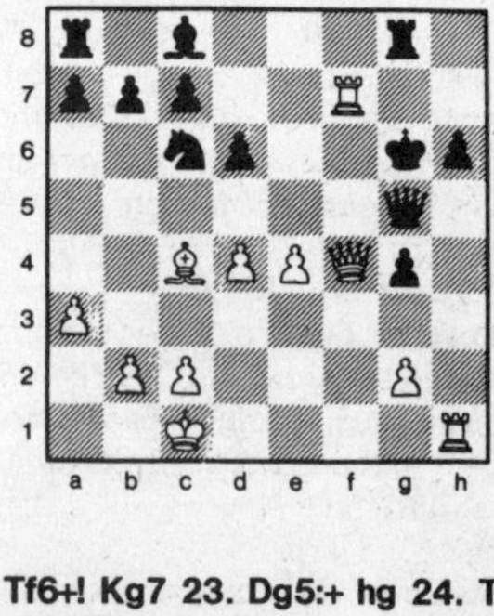

22. Tf6+! Kg7 23. Dg5:+ hg 24. Tf7+ Kg6 25. Tfh7!.
Matt ist unausbleiblich, daher gab Schwarz auf.

Partie Nr. 3

I. Glaskow-W. Solowjow
Moskau 1975

1. e4 e5 2. f4 ef 3. Sf3 g5 4. h4 g4 5. Sg5 h6 6. Sf7: Kf7:
Genau wie in der vorherigen Partie geht hier das Spiel mit Zugumstellung in das Hamppe-Allgaier-Gambit über.
7. Sc3 Sc6

178

8. d4 d5.
Die Theorie empfiehlt mitunter Fortsetzungen, von denen sich niemand erdreistet, Gebrauch zu machen. Das bezieht sich auf den Zug 8. ..f3, der an und für sich beachtlich ist, in der Praxis jedoch beinahe nie vorkommt.
9. Lf4:!
Indem Weiß die wichtige f-Linie öffnet, erlangt er ausreichende Entschädigung für die Figur.
9. ..Lb4 10. Le2 Lc3:+ 11. bc Sf6 12. 0-0 Kg7
Längere Zeit herrschte die irrtümliche Meinung, daß die entstandene Stellung günstig für Schwarz sei. Dabei berief man sich auf die naheliegende Fortsetzung 13. e5 Se4 14. Lg4: Dh4: mit eindeutiger schwarzer Überlegenheit.
13. c4! de
Der letztere Zug ist von Keres empfohlen worden, der damit den unerwarteten Ausfall des weißen c-Bauern zu entschärfen suchte.
14. d5 Se7 15. Le5 Tf8

179

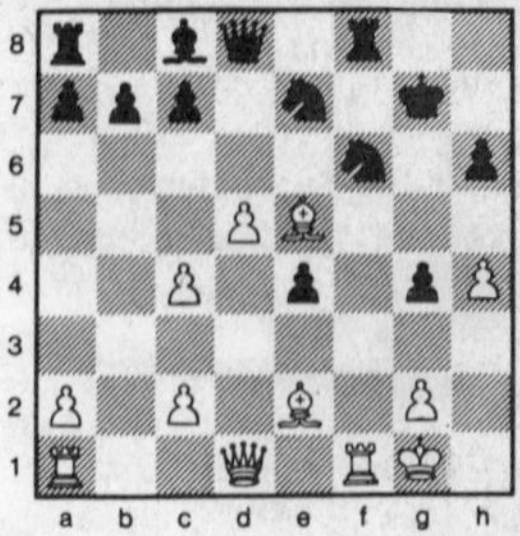

Auch diese Stellung hatte Keres falsch eingeschätzt. Er meinte, daß Schwarz imstande sei, den Angriff abzuschlagen.
16. Dd4! Sg6 17. Lf6:+ Tf6: 18. h5 Sf8 19. Tf4!
Hier liegt der Hund begraben! Während Weiß seinen Druck ununterbrochen verstärkt und alle Figuren einsetzt, sind die schwarzen Figuren praktisch außer Gefecht.
19. ..Sh7 20. Taf1 Ld7
20. ..Kf7 verliert wegen des naheliegenden 21. De4:.
21. Lg4: Lg4: 22. Tg4:+ Kf7
Auf 22. ..Sg5 würde 23. De5! und 24. Tg5:+ geschehen.
23. De4: Tf1:+ 24. Kf1: Sg5 25. Dg6+
Schwarz ist schutzlos.
25. ..Ke7 26. Dg7+ Sf7.
Auf einem beliebigen anderen Zug entscheidet 27. Dh6:
27. Te4+ Kd6 28. Dg3+ Kc5 29. Df2+
Schwarz gab auf.

Partie Nr. 4

M. Tschigorin-G. Pillsbury
Hastings 1895

1. e4 e5 2. f4 Lc5 3. Sf3 d6 4. Lc4
Diese Fortsetzung ist weniger aussichtsreich als 4. Sc3 (siehe Partie Nr. 5) oder 4. c3 (siehe Partie Nr. 6).
4. ..Sc6 5. Sc3
Wie bereits im theoretischen Teil gesagt, ist 5. c3 richtig, weil nach dem Zuge in der Partie 5. ..Lg4! mit gutem schwarzen Spiel möglich ist.
5. ..Sf6 6. d3 Lg4 7. h3
Stärker ist 7. Sa4 (siehe nächste Partie).
7. ..Lf3: 8. Df3: Sd4.
Ernste Beachtung verdient das von L. Svenonius empfohlene 8. ..ef (siehe theoretischen Teil), doch Ende des vorigen Jahrhunderts, als diese Partie gespielt wurde, war diese Empfehlung noch unbekannt.
9. Dg3.
Damit beginnt die bekannte, erstmalig im Treffen Blackburne-Anderssen, Wien 1873, vorkommende Kombination, die auf einem Qualitätsopfer beruht. Im »Handbuch« wird behauptet, daß der weiße Angriff nicht stark genug sei, weshalb es ratsam ist, das Qualitätsopfer anzunehmen. Pillsbury hat diesen Ratschlag befolgt, doch Tschigorin beweist, daß Weiß für dieses Opfer mit 2 Mehrbauern und gefährlicher Initiative beschert wird. Später hat Bogoljubow eine noch stärkere weiße Fortsetzung entdeckt.
9. ..Sc2:+ 10. Kd1 Sa1: 11. Dg7: Kd7
Eben auf diesen Zug setzte Schwarz seine Hoffnung, als er das Qualitätsopfer annahm. Auf 11. ..Tf8 erlangt Weiß mit 12. fe de 13. Tf1 Le7 14. Lg5 Sh5 15. Lf7:+Kd7 16. De5: entscheidenden Vorteil.

180

12. fe de 13. Tf1 Le7 14. Df7:
Ein Versehen. Richtig war 14. Lg5, um auf 14. ..Sh5 15. Df7: De8 weiter 16. Df5+! und 17. Le7: zu spielen. (Hinweise von Bogoljubow).
14. ..Kc8 15. Lg5 Tf8 16. De6+ Kb8 17. Lh6 Te8 18. De5: Sd7 19. Dh5! Sb6 20. Ld5 a6
Selbstverständlich nicht 20. ..c6? wegen 21. Lf4+, und Weiß gewinnt. Auf 20. ..Sd5: ist 21. Dd5: Dd5: 22. Sd5: gut; trotz Damentausch bleiben die weißen Aussichten nach wie vor besser.
21. Kd2 Sd5: 22. Sd5: Tg8 23. g4

181

23. ..Lb4+
Ein interessantes Manöver. Auf 23. ..Lg5+ 24. Lg5: Dg5:+ 25. Dg5: Sb3+ 26. ab Tg5: würde 27. Tf7 mit starken Drohungen geschehen.
Lasker hielt 23. ..Lc5 für gut, da er annahm, daß der Nachziehende nach 24.

Ta1: c6 25. Lf4+ Ka7 26. Sc7 Dd4 27.Dc5:+ Dc5: 28. Le3 De3:+ 29. Ke3: Taf8 gute Remischancen habe. Doch nach Tschigorin sind die weißen Siegeschancen nach 30. Se6 Tf6 31. Sd4 h5 32. Tg1 und 33. Sf5 noch besser als in der Partie.

24. Sb4: Dd4 25. Sc2 Sc2: 26. Kc2: Tg6 27. Ld2 Td6 28. Tf3 Da4+ 29. Kc1 Da2: 30. Lc3 Tc6 31. Dh7: b5 32. De7 Db3 33. Kd2 a5 34. Tf5!

Dies entscheidet den Kampf.

34. . . Kb7 35. Tc5 T8a6 36. g5 Tc5: 37. Dc5: Tc6 38. Dd5 Da4 39. g6 b4 40. g7 bc+ 41. bc Da3 42. g8D

Schwarz versuchte noch 9 Züge lang, sich zu wehren, aber dann gab er im 51. Zuge auf.

Partie Nr. 5

Ju. Balaschow-A. Matanović
Skopje 1970

1. e4 e5 2. Sc3 Sf6

Der Ritter des Königsgambits Spielmann wählte öfter diese Zugfolge, um auf indirekte Weise zu seiner Lieblingseröffnung, dem abgelehnten Königsgambit, zu kommen.

3. Lc4 Sc6 4. d3 Lc5

Der letzte schwarze Zug ermöglicht dem Anziehenden den Übergang in eine Variante des abgelehnten Königsgambits.

5. f4 d6 6. Sf3 Lg4

Im theoretischen Teil haben wir darauf hingewiesen, daß auch 6. . . 0–0 sowie 6. . . a6 beachtenswert sind.

7. Sa4!

Der beste Zug. Weiß muß den Läufer beseitigen.

7. . . Lf3:

Die vorliegende Variante ist schon über 100 Jahre alt und mehrmals in der Praxis erprobt worden, aber bis heute ist es nicht gelungen, für Schwarz einen Weg zum Ausgleich zu entdecken.

8. Df3: Sd4 9. Dd1

Gut ist auch 9. Dg3, aber Weiß möchte das interessante, von Aljechin vorgeschlagene Figurenopfer praktisch erproben.

9. . . b5

182

10. Lf7:+!

Der beste Zug, der zum weißen Vorteil führt. Das Figurenopfer bringt Weiß zwei Bauern und äußerst starken Angriff ein.

10. . . Kf7: 11. Sc5: dc 12. fe Sd7 13. c3 Se6 14. 0–0+ Ke8

Auch nach 14. . . Kg8 ist der weiße Angriff nicht weniger gefährlich.

15. d4 cd 16. cd De7 17. Le3

Weiß hat ein mächtiges Bauernzentrum errichtet und ist zu entscheidenden Handlungen bereit. Dem Nachziehenden fällt die Verteidigung sehr schwer.

17. . . Tf8 18. d5 Tf1:+ 19. Df1: Sd8 20. e6 Sf6

Nach 20. . . Se6: 21. de De6: 22. Db5: De4: 23. Lf2 herrscht wieder materielle Gleichheit, aber der im Zentrum stekkengebliebene schwarze König wird nun zur sicheren Beute der weißen Figuren.

183

21. Tc1

Weiß droht, mit 22. Lc5 die Dame zu gewinnen. Für einen weißen Sieg würde auch 21. Db5:+ c6 22. Dd3 ausreichen.

21. . . Se4: 22. Db5:+ c6 23. Tc6:!.

Für die geopferte Figur besitzt Weiß schon 3 Bauern bei ausgezeichneter Stellung.

23. . . Kf8 24. Tc1 Kg8

Dem schwarzen König ist die Flucht gelungen, doch jetzt entscheidet Weiß mit einem unkomplizierten taktischen Schlag.

25. Tc7! Dd6

Selbstverständlich ist der Turm tabu, sonst 26. De8‡.

26. De8+ Df8 27. Tg7:+!

Schwarz gab auf.

Partie Nr. 6

D. Bronstein-W. Panow
Moskau 1947

1. e4 e5 2. f4 Lc5 3. Sf3 d6 4. c3 Lg4

Dieser altertümliche Zug gibt Schwarz keinen Ausgleich. Die beste Verteidigung lautet 4. . . Sf6.

5. fe de 6. Da4+! Ld7 7. Dc2

Dieses Manöver stammt von Marshall und sichert dem Anziehenden in allen Varianten bessere Aussichten.

7. . . Sc6 8. b4 Ld6 9. Lc4

Larsens 9. Le2 ist im theoretischen Teil besprochen worden.

9. . . Sf6 10. d3 De7 11. 0-0 0-0-0 12. a4

184

Weiß setzt eine Offensive am Damenflügel an.

12. . . a5!

Wahrscheinlich die beste Verteidigung, insofern Weiß nach 13. ba Sa5: außerstande ist, die offene b-Linie auszunützen.

13. b5! Sb8 14. Sbd2 Lg4 15. Sb3 b6 16. Le3

Genauer wäre das vorläufige 16. Kh1, da Schwarz mit 16. . . Lf3: 17. Tf3: Sg4 den Läufer von der Diagnonale g1–a7 vertreiben kann.

16. . . Sbd7 17. Tae1 Le6 18. Le6: De6: 19. Kh1 De7

Die weiße Stellung ist zweifellos aussichtsreicher. Jetzt gruppiert der Anziehende seine Kräfte mit Vorteil um.

20. Sbd2 Sg4 21. Lg1 h5 22. Sc4 g5

Richtig war 22. . . h4, drohend 23. . . h3. Jetzt aber kommt Weiß als erster zum Angriff.

23. Sd6:+ cd 24. Sd2 f6 25. Sc4 Kb7
(Diagramm 185)

26. Lb6:!

Mit diesem Figurenopfer zerstört Weiß die Deckung.

26. . . Sb6: 27. Sa5+ Kc7 28. Sc6 De8 29. a5

185

Es ist klar, daß die weißen Bauern nicht aufzuhalten sind.

29. ..Sd7 30. b6+

Nach diesem effektvollen Schlag ist Schwarz schutzlos.

30. ..Kb7

Auf 30. ..Kc6: würde 31. Da4+ Kb7 32. a6+ Kb8 33. Dc6 mit Matt folgen.

31. a6+ Kb6: 32. Tb1+

In dieser hoffnungslosen Lage überschritt Schwarz die Bedenkzeit.

Partie Nr. 7

S. Tartakower-K. Schlechter
St. Petersburg 1909

1. e4 e5 2. f4 Lc5 3. Sf3 d6 4. c3 Sf6 5. fe de 6. Se5: 0–0

Neben 6. ..De7, wovon im theoretischen Teil die Rede war, ist auch diese Fortsetzung durchaus akzeptabel.

7. d4 Ld6 8. Sf3 Se4: 9. Ld3 Te8

In der Partie Keres-Kubanek, Prag 1943, geschah 9. ..Sf6 10. 0–0 c5, und nach 11. Lg5! wären die weißen Aussichten etwas besser.

10. 0–0 h6 11. Sbd2 Sf6 12. Sc4 c5?

Ein Fehler! Richtig ist 12. ..Sc6 mit etwa gleichen Aussichten. Jetzt kommt Weiß in Vorteil.

13. Sfe5 cd.

Auf 13. ..Le6 hätte Weiß die angenehme Wahl zwischen 14. Tf6: 15. Sg4! und 14. Lh6:!.

186

14. Sf7:!

Schwarz ist gezwungen, dieses unerwartete Figurenopfer anzunehmen, worauf er in einen vehementen Angriff gerät.

14. ..Kf7: 15. Dh5+ Kg8?

Abermals ein Fehler, aber sogar nach der besten Erwiderung 15. ..Ke7 16. Dg6 entfaltet sich der weiße Angriff ungehemmt.

16. Tf6:! Te1+

Falls 16. ..gf, so entscheidet Weiß mit 17. Dg6+ Kf8 18. Lh6:+ den Kampf.

17. Tf1 Tf1:+ 18. Lf1: Lf8

Dies dürfte die einzige Möglichkeit sein, die Figur zu retten, da Weiß 19. Dd5+ drohte. Nach 18. ..Le6 19. Sd6: Dd6: 20. De8+ Kh7 21. Ld3+ setzt Weiß matt.

187

Jetzt wartet Weiß mit einem weiteren effektvollen Figurenopfer auf, wonach sein Vorteil offensichtlich wird.

19. Lh6:! Df6

Auf 19. ..gh geschieht 20. Dg6+ Kh8 (oder 20. ..Lg7 21. Ld3) 21. Ld3 De7 22. Tf1, und Schwarz ist schutzlos. Nun besitzt Weiß bei besserer Stellung einen Mehrbauern.

20. Lg5 Df5 21. Sd6!

Diesem Schlag hält Schwarz nicht stand. Nach dem 3. Figurenopfer ist keine Verteidigung möglich.

21. ..Ld6: 22. Lc4+ Le6

Natürlich nicht 22. ..Kf8? 23. Dh8‡.

23. Tf1 Df1:+

Schwarz muß die Dame hergeben, weil er nach 23. ..De5 24. De8+ Kh7 25. Ld3+ sofort verliert.

24. Lf1: Sd7 25. Ld3

Schwarz konnte schon hier getrost die Segel streichen. Weiß hat nicht nur Angriff, sondern auch beträchtliche materielle Überlegenheit.

Weiter geschah **25. ..Sf8 26. cd Lf7 27. Df3 Se6 28. Le3 Tb8 29. g4 g5 30. Df6 Lf8 31. Lh7+ Kh7: 32. Df7:+, und Schwarz gab auf.**

Partie Nr. 8

A. Planinc-E. Wassjukow
Wijk aan Zee 1973

1. e4 e5 2. f4 d5 3. ed e4 4. Sc3 Sf6 5. De2 Le7!

Die stärkste Fortsetzung. Wie wir im theoretischen Teil gezeigt haben, kommt nicht selten auch 5. ..Lf5 vor. Schlechter ist 5. ..Lg4 6. De3!, und auf 5. ..Ld6 spielt Weiß mit Vorteil 6. d3!.

6. Se4:

Ein riskanter Zug. Mehr Sicherheit bietet 6. b3!?.

6. ..0-0

Eine gute Fortsetzung, die mit dem 2. Bauernopfer verknüpft ist. Die Theorie betrachtet hier lediglich 6. ..Sd5.

7. Sf6: Lf6: 8. Df3 Te8+

188

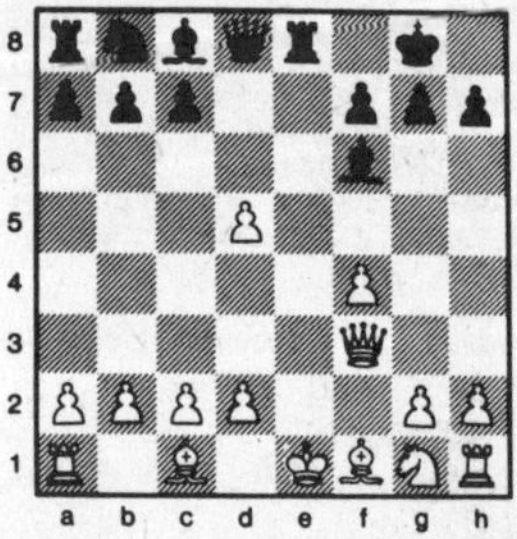

Weiß ist in der Entwicklung stark zurückgeblieben und hat jegliche Initiative dem Nachziehenden überlassen.

9. Kd1

Schon stößt der Anziehende auf gewisse Schwierigkeiten. Auf 9. Le2 würde 9. ..c6! 10. Sh3 De7 folgen, wonach die Rochade unmöglich ist.

9. ..c6 10. Lc4

Natürlich nicht 10. dc, sonst geschieht 10. ..Sc6:, und die ungünstige Lage des Königs sowie der Entwicklungsrückstand des Anziehenden ermöglichen Schwarz, seine Figuren mit entscheidenden Drohungen in den Kampf einzuschalten.

10. ..b5!

Das ist bedeutend energischer als 10. ..Lf5, Tschigorin-von Stamm, Kiew 1903.

11. Lb3

Bei 11. dc bc 12. c7 Dc7: 13. Da8: Lb7 14. Da7: Lf3+ würde Weiß die Dame einbüßen.

11. ..Lb7 12. Se2 a5 13. a3 c5! 14. d3 a4 15. La2 Sd7

Weiß hat nach wie vor Schwierigkeiten mit der Entwicklung seiner Figuren, während Schwarz ungestört alle Kräfte in den Kampf schickt.

16. Sc3 b4 17. Se4 b3!

Schwarz setzt die entscheidende Offensive an.

18. Sd6.

Es fällt schwer, etwas Besseres zu empfehlen. Auf 18. cb würde 18. . . Ld5: und weiter 19. ab folgen, da 19. ba Le4: 20. de Se5+ wegen Damenverlust nicht geht.

18. . . ba! 19. Se8: De8: 20. Ta2: Sb6 21. c4 Dd7 22. Ta1

189

22. . . Sd5:!

Dieses Figurenopfer ist naheliegend. Auf diese Weise öffnet Schwarz die Diagonalen für seine Läufer und bedroht den im Zentrum steckengebliebenen König.

23. cd Ld5: 24. Dg3 Lb3+ 25. Kd2 Td8 26. Te1 c4 27. Te3 Dc7!

Die schwarzen Figuren schalten und walten nach eigenem Ermessen. Weiß kann sich nur mit allergrößter Mühe halten.

28. d4 Ld4: 29. Ke2 Lc2!

In dieser Stellung ist der schwarzfeldrige Läufer stärker als der weiße Turm, daher hat es keinen Sinn, den Läufer für diesen Turm zu tauschen.

30. Dh4 h6 31. De7 Db8 32. Ld2 Lf6 33. Db4 Df4: 34. g3 Ld3+ 35. Kd1

Nach 35. Td3: cd+ würde Schwarz den Gegner rasch mattsetzen.

35. . . Df1+ 36. Te1 Df3+ 37. Kc1 Lf5! 38. Da4: Lb2:+ 39. Kb2: Td2:+ 40. Kc1 Dc3+, und Matt im nächsten Zug.

Partie Nr. 9

R. Spielmann-S. Tarrasch
Mährisch-Ostrau 1923

1. e4 e5 2. f4 d5 3. ed e4 4. d3 Sf6 5. de Se4: 6. Sf3

Wie wir im theoretischen Teil gesagt haben, sind neben dem Zug in der Partie 6. De2 sowie 6. Le3 beachtenswert.

6. . . Lc5 7. De2 Lf5! 8. g4?

190

Diese Empfehlung von »Bilguer« hat Tarrasch entschieden widerlegt. Eben nach dieser Partie verfasste Spielmann seinen berühmten Artikel »Am Krankenbett des Königsgambits«.

Im theoretischen Teil wurde darauf hingewiesen, daß Weiß 8. Sc3! ziehen soll, wonach ihm Vorteil in Aussicht steht.

8. . . 0–0!

Hier liegt der Hund begraben! Das Figurenopfer bringt Schwarz einen wuchtigen Angriff ein. Es ist offensichtlich, daß 8. . . Lf2+ 9. Kd1 Dd5:+ 10. Sfd2! klare weiße Überlegenheit ergibt.

9. gf Te8 10. Lg2

Auf 10. Dg2 setzt Schwarz erfolgreich

mit 10. . . Dd5: 11. Le2 Sc6 12. Sc3 Df5: fort.

10. . . Sf2 11. Se5 Sh1: 12. Lh1: Sd7!
Verfrüht wäre 12. . . f6 13. d6!.

13. Sc3 f6 14. Se4 fe 15. Sc5: Sc5: 16. fe Dh4+
Für die Qualität besitzt Weiß 2 Mehrbauern, aber die ungünstige Lage seines Königs räumt Schwarz Vorteil ein.

17. Kf1
Falls 17. Kd1, so entscheidet 17. . . Dd4+ sofort.

17. . . Tf8!

191

Jetzt büßt Weiß einen seiner Mehrbauern ein, wonach er auf verlorenem Posten steht.

18. Kg1
Was bleibt dem Anziehenden noch übrig? Auf 18. Df3 würde 18. . . Dc4+ folgen. Keine Rettung bietet 18. f6 Tae8!. Auch 18. e6 Tf5:+ 19. Kg1 Taf8 20. Le3 Se4 führt zu schwerwiegenden Folgen.

18. . . Dd4+!
Am einfachsten.

19. Le3 De5: 20. Te1 Sd7 21. Dc4 Kh8 22. Le4 Tae8 23. Ld4 Df4 24. Te2 Sf6 25. Lf6: gf! 26. h3 Tg8+, und Weiß gab sich geschlagen.

Partie Nr. 10

W. Antoschin-J. Estrin
Moskau 1953

1. e4 e5 2. f4 d5 3. ed c6 4. Sc3
Die Theorie hält diesen Zug für den stärksten. Wie wir im theoretischen Teil unterstrichen haben, ist Schwarz nach 4. dc Sc6: 5. d3 Lc5 für den geopferten Bauern ausreichend entschädigt.

4. . . ef 5. Sf3 Sf6 6. d4 Ld6 7. Le2
Ein passiver Zug. In der Partie Kellner-Estrin, VI. Weltmeisterschaft im Fernschach 1968/70, zog Weiß 7. dc Sc6: 8. Lb5, aber nach 8. . . 0–0 9. 0–0 Db6 10. Kh1 Lg4 kam Schwarz zu ausgezeichnetem Spiel. Stärker ist 7. Lc4 oder 7. De2+.

7. . . Sd5: 8. Sd5:
Falls Weiß 8. 0–0 0–0 9. Sd5: cd 10. Se5 wählt, Balaschow-Sydor, Kuba 1975, so bewahrt Schwarz nach 10. . . f6! 11. Sd3 g5 ebenfalls den Mehrbauern.

8. . . cd 9. 0–0 Sc6!

192
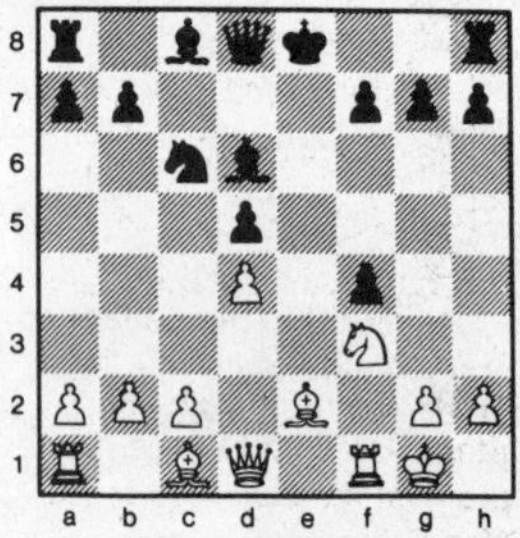

Schwarz sucht seine Figuren so rasch wie möglich zu entwickeln. Die Frage, ob er sich für die kurze oder lange Rochade entscheidet, bleibt eine Zeitlang offen.

10. Se1
Dieser weiße Versuch, den Bauern zu-

rückzugewinnen, mißlingt. Besser dient diesem Ziel 10. Se5 Se5: 11. de Le5: 12. Lb5+, und falls 12. ..Ld7, so 13. Ld7:+ Dd7: 14. Te1 f6 15. Lf4: mit materiellem Gleichgewicht. Zieht Schwarz aber 12. ..Kf8, so gewinnt Weiß nach 13. De2 einen Bauern zurück und läßt dabei die Initiative nicht aus der Hand.

10. ..Dc7

Schwarz nimmt den Bf4 in Schutz und droht gleichzeitig 11. ..Sd4:!.

11. c3 Lf5 12. Lf3 Se7 13. Sd3 g5 14. Te1 0–0–0

Dabei besitzt der Nachziehende nach wie vor einen Mehrbauern und die klar überlegene Stellung. Ihm steht ein Angriff in Aussicht.

15. Se5 Le5: 16. Te5: Dd7 17. g4 Lg6 18. Df1

18. Tg5: oder 18. c4 gingen wegen 18. ..f6 nicht.

18. ..f6 19. Te1 Sc6 20. Ld2

193

20. ..h5!

Nachdem Schwarz seine Figuren umgruppiert hat, setzt er die entscheidende Offensive an.

21. Dg2 hg 22. Lg4: Lf5 23. Lf5: Df5: 24. De2 Th3 25. De6+

Die schwarzen Drohungen wachsen an. Um seine Lage zu erleichtern, tauscht Weiß die Damen, aber, wie wir sehen, wird seine Lage dadurch nicht besser.

25. ..De6: 26. Te6: Tdh8 27. Te2 Kd7 28. Tae1 T8h7

Mit diesem Zug nimmt Schwarz die 7. Reihe unter Kontrolle, was ihm ermöglicht, den Springer auf den strategisch wichtigen Punkt d6 zu verlegen.

29. b3 Se7 30. Tf2 Sf5 31. Tef1 Sd6, und Weiß gab auf.

Literaturverzeichnis

1. »Nowoje wremja« – Schachspalte in der Zeitschrift »Niwa«, redigiert von M. Tschigorin, 1891-1906.
2. C. v. Bardeleben und J. Mieses »Lehrbuch des Schachspiels«, Leipzig 1894.
3. E. v. Schmidt »Systematische Anordnung der Schacheröffnungen«, Leipzig 1895.
4. Oskar Cordel »Theorie und Praxis des Schachspiels«, 2. Band, Potsdam 1913.
5. G. und L. Collijn »Lärobok i Schack«, Stockholm 1921.
6. P.R. v. Bilguer »Handbuch des Schachspiels«, 8. Auflage, Berlin und Leipzig 1922.
7. Dr. A. v. Claparède »Die moderne Ablehnung des Königsgambits«, Berlin 1924.
8. »Sowremennyj Debjut«, Moskau-Leningrad 1940.
9. T.D. Harding »Counter Gambits«, B.C.M. 1973.
10. T.D. Harding »Vienna Opening«, London 1973.
11. R.G. Thimann »King's Gambit«, Nottingham 1974.
12. »Enzyklopädie der Schacheröffnungen«, Band C, Belgrad 1974.
13. P. Keres »Dreispringerspiel bis Königsgambit«, 5. Auflage, Berlin 1980.
14. Zeitschrift »Schachmatnyj Bjulletenj« (UdSSR), 1955-1980.
15. Zeitschrift »Schachmaty« (UdSSR, Riga), 1959-1980.
16. Informator, Bände I-XXVIII, Belgrad 1966-1980.
17. H. Harro Dahlgrün »Königsgambit«, Bände 1-4, Hamburg 1977-1980.
18. W. Panow u. Ja. Estrin »Kurs Debjutow«, 6. Auflage, Moskau 1980.

Goldmann Ratgeber

Rudolf Teschner

Das moderne Schachlehrbuch

Teil 1 – Die Eröffnung

10 740

Goldmann Ratgeber

Rudolf Teschner

Das moderne Schachlehrbuch

Teil 2 – Das Mittelspiel

10 770

Goldmann Ratgeber

Rudolf Teschner

Das moderne Schachlehrbuch

Teil 3 – Das Endspiel

10 805